U0935233

01 问：为什么儿童的教育问题那么难？

答：儿童的教育问题可归结为自我认知和自我引导这两个问题。然而，儿童还不够成熟，因此成人对儿童的引导至关重要。这里最大的问题在于成人不懂如何正确引导儿童。对于成人而言，要了解自己的爱憎悲喜已经够难的了，要了解儿童并用正确的知识引导他们，更是难上加难。

02 问：哪些儿童更容易有自卑感？

答：所有的儿童都有着与生俱来的自卑感，但有三种儿童的自卑感更强烈。第一种是天生体质较弱或者有先天残疾的儿童；第二种是缺乏父母的关爱、被严厉教育的儿童；第三种是受到父母的过度溺爱、集万千宠爱于一身的儿童。

03 问：为什么有些儿童在学校独来独往，不会和同学相处？

答：如果父母缺乏为孩子上学做准备的知识，没有让儿童学会如何与家人之外的人相处，那儿童可能只会与父母建立依恋关系，却没有做好面对陌生人的准备，这些儿童到了学校会感到很孤单，常常独来独往、难以靠近，无法有效适应校园生活。

04 问：为什么有些儿童刚一入学就无法专注于学习？

答：儿童对学校这一新环境感觉非常痛苦和不愉快，他们没有“上学意识”，难以在课堂上专心。他们宁愿待在家里而不是上学。不愿意上学有很多表现：早上父母要哄着他起床；要不断催促他才愿意做事；吃早餐的时候磨磨蹭蹭，诸如此类。我们要给儿童足够的学习时间，不要因为迟到而惩罚他们，这只会增加他们对学校的反感。

05 **问：为什么有些儿童总是一副天不怕地不怕的样子？**

答：他们的外在行为看起来嚣张跋扈、无所畏惧，但内心往往很懦弱、不堪一击。这样的儿童总是试图做那些肯定会成功的事情，以此来显示自己很强大。在相对安全的日常环境中，这些儿童会通过一些不经意的动作暴露自己的软弱，例如站不直，总是要倚靠某些东西。这是因为他们需要获得支持。

06 **问：为什么有些儿童不喜欢自己的弟弟或妹妹？**

答：弟弟或妹妹的出生使得家庭排行发生了变化，儿童由独生子变成了长子，不再独享家人的宠爱；而且儿童往往对家庭新成员没有任何心理准备，也没有人对他进行指导，他只能孤军奋战，拼命抗争，试图通过打压弟弟、妹妹或者借其他不良行为再度成为父母关注的焦点。

07 问：为什么有些儿童容易暴怒或好斗？

答：如果儿童强烈渴望获得自我肯定、追求权力、变得强大，他们可能容易产生嫉妒心理，希望自己的竞争对手遭遇厄运、会做出伤害对方的举动或者给对方制造麻烦，通过造谣中伤、泄露隐私和贬低对方来提高自我价值感。任何人都不能超越他们，对他们来说，抬高自己和贬低别人有着同样的效果。

08 问：为什么有些儿童很懒惰？

答：懒惰为缺乏自信的儿童筑起一道屏障，因为儿童因“懒惰”受到的批评要比“缺乏能力”温和得多，自尊心受到的伤害也更少。家长们往往会说：“如果他不这么懒的话，有什么是他做不了的？”这种说法对于缺乏自信的儿童来说是一剂安慰剂，而且是一种变相的表扬，可以平复他们的失败感。

09 问：为什么有些儿童会口吃？

答：有些儿童希望借自身缺陷获得额外的关注，父母在发现儿童说话困难时，会把其他事情放下，把注意力全部集中在儿童身上；有些儿童是因为被过度溺爱，在说出自己的需求前，父母已经猜到并满足他的愿望，所以根本不需要开口说话。

10 问：为什么有些儿童不愿意说话？

答：有些儿童不愿意说话是因为父母从来不让他们把话说完，也不给他们回答问题的机会。还有些不愿意说话的儿童是因为曾经被别人嘲笑或讥讽，内心产生了挫败感。不断纠正和挑剔儿童的说话似乎是儿童教育中很常见的错误做法，这使得儿童长年背负着挫败和自卑的感觉，令人悲叹。

⑪ 问：缺乏父母关爱的儿童有什么性格特征？

答：这类儿童会渐渐发展出冷酷的个性，变得容易嫉妒和仇恨。他们长大成人后在照顾自己的孩子时，会认为这些孩子不应该过得比自己的童年更快乐。他们可以说出很多好听的理由和格言，例如“不打不成器”。但事实证明，僵化、专制的教育方式没有任何用处，只会使儿童与父母更疏离。

⑫ 问：为什么心理学家反对惩罚孩子？

答：惩罚对儿童来说弊大于利。如果儿童多次犯同样的错误，教师或父母容易对儿童产生偏见，认为他们不可救药；但如果这个孩子平时表现不错，那么他即使犯了错，我们也不会很严厉。但以上两种处理方式都没有考虑问题的根源，我们只有结合背景信息对行为进行解读，才能真正了解行为的含义。

⑬ 问：为什么不应该只关注学生的分数？

答：所谓的“差生”其实也有对卓越的追求，他们只是在学业上表现不佳。教育者应该善于观察，挖掘和重视儿童的特长，教他们把精力转移到力所能及的活动上，这样他们虽然不能成为出色的数学家，但也许可以在运动上脱颖而出、有所作为。

⑭ 问：为什么父母不应该用言语羞辱儿童？

答：父母在极度失望时会断言儿童毫无前途，或者指责他们愚蠢无能。当儿童入学后，遭受的挫折和失败会一一证实父母的指责和自己的无能。儿童不具备完善的判断分析能力，无法纠正这些错误评价，并且缺乏教育者的引导，因此他们未战先怯，早早选择了放弃。尽管他们也曾努力追赶，却还是被远远甩在后面，因而他们不再努力，转而花心思编造不上学的理由。

⑮ 问：为什么怯懦会影响儿童的人际关系？

答：怯懦的儿童总是害怕被别人批评，害怕得不到重视，或者害怕受到羞辱，因而他们总是受别人意见的支配，并逐渐形成怀疑、嫉妒和自私等性格特征。这类儿童常常变得挑剔、唠叨、自私、好斗，他们极少称赞别人的优点，当别人受到表扬时，他们心里会愤愤不平。

⑯ 问：为什么有些儿童学习数学很吃力？

答：有种常见的谬误认为男孩比女孩更加擅长数学，但事实并非如此。儿童是否能熟练运用数字相当重要。能给人带来安全感的学科为数不多，数学就是其中之一。这是一种思维操作，它可以通过数字将周围的无序感消除。一般来说缺乏安全感的个体计算都不太好。

⑰ 问：为什么有些儿童是个麻烦精？

答：如果儿童确实制造了太多麻烦，可以肯定的是，母亲与他的依恋关系太过紧密，她没有成功建立起儿童的自信。儿童通常在睡觉、起床、吃饭或者洗漱时制造麻烦，也会通过做噩梦或者尿床来制造麻烦。所有的症状都是为了引起某个人的注意。症状一个接一个地出现，就如同儿童在寻觅一件又一件与父母战斗的武器，以此对父母进行控制。

⑱ 问：为什么教育者不能太过相信儿童的智力得分？

答：智力测验的结果并不是时时都可靠，我们不能一试定终身，不能将测验分数当成永恒不变的结果并运用于儿童的整个人生。一般来说，智力的发展很大程度上取决于家庭环境。良好的家庭环境有助于儿童发展，身体发展良好的儿童心理发展通常也相对较好。

⑲ 问：儿童被嘲笑，会有怎样的不良影响？

答：有些儿童在被嘲笑后会彻底丧失勇气，回避困难。如果儿童开始关注外表，说明他们对自己开始缺乏信心；如果儿童经常与人吵架，担心自己如果不先占上风的话，别人就会伤害他，这表明儿童对周围充满了敌意。他们从来不抱怨，不在别人面前哭泣，这貌似冷酷的行为表明他们害怕暴露自己的脆弱。

⑳ 问：为什么那些看似冷漠消极的儿童最难对付？

答：这类儿童给自己戴上了面具，实际上他们的内心并不是真的如此冷漠。一旦被逼得失去控制，他们通常的反应是突然大发雷霆或者试图自杀。他们从来不主动做事，除非别人要求或者命令他们去做。他们害怕挫折，觉得别人的能力都比自己强，所以教育者要多鼓励这样的儿童。

㉑ 问：该如何让儿童接触死亡？

答：如果儿童首次接触死亡的时刻过于突然，这往往会给儿童带来巨大的冲击，足以影响到儿童的整个人生。如果对死亡毫无准备的孩子突然面对死亡，他第一次意识到原来生命有尽头，这可能会使儿童丧失勇气，或变得非常胆小。我们建议不要加重儿童的心理负担，因为他们还不能完全理解死亡。

㉒ 问：父母的教养方式对儿童有什么影响？

答：过于严厉或过于温和的教养方式都不适合。喜欢挑剔孩子的父母会伤害孩子，因为他们的挑剔完全剥夺了孩子的勇气和信心。溺爱使儿童总想依赖别人而不能独立处事。父母的职责是尽可能帮助儿童为将来的生活做好准备，这样儿童才能学会自我照顾。

㉓ 问：出生顺序对儿童的影响有多大？

答：第一个出生的孩子曾经是家里的独生子，他的地位独一无二，但弟弟妹妹出生后，他会压力剧增、迷茫无望，也容易被父母忽略。最后出生的孩子所面对的处境也很独特，因为他是最小和最弱的孩子，他会努力追赶哥哥姐姐，以达到追求卓越的目的。

㉔ 问：学校是否应该分优差班？

答：将好的学生从班里抽出来组成重点班不是明智之举，因为聪明的孩子可以激励其他孩子共同进步，带给班级更大的发展动力。而差生班里的学生并不像人们所想的那样智力低下，他们大多只是来自贫困家庭，很容易被当成落后分子。原因是他们的父母要忙于生计，没有时间照顾孩子，也没有受过良好的教育，缺乏教孩子做好准备的意识。

㉕ 问：家庭经济状况是否会影响儿童成长？

答：贫穷家庭的父母生活在窘迫的环境中，他们带着痛苦和悲伤挣扎。这种痛苦和悲伤对儿童影响至深，无法让儿童树立健康、合作的态度。而家庭富裕也会给儿童的教育带来困难，因为父母可能不知道正确使用自己的财产，他们想给孩子一段美好的时光，想宠着和惯着孩子，因此我们经常在富裕家庭中发现问题儿童。

㉖ 问：为什么祖父母总爱干涉父母的教育方式？

答：我们必须不偏不倚地评判祖父母的困难和处境，他们的地位非常尴尬和不幸。他们在还充满活力的时候就退休，再也没有自我展示的机会，感觉自己被抛弃了或被遗忘在社会的角落。因此祖父母总是试图证明自己还有存在的价值，总是通过干涉孙辈的教育来证明自己仍然知道如何养育孩子。

㉗ 问：父母应该怎么给儿童选玩具？

答：选玩具的主要原则就是应该选择可以刺激儿童进行合作和有教育意义的玩具。儿童自己动手和构造的游戏要比现成的玩具更有价值，因为现成的玩具不需要儿童动手创作，例如洋娃娃或者仿真狗，这种玩具只需要儿童抚弄一下，缺乏主动构建的过程。

㉘ 问：为什么不能经常夸自己的孩子长得好看？

答：我们的社会过于注重样貌，要使儿童免受这种社会风气的侵害，唯一的方法就是教导儿童认识到身心健康和社交能力比样貌更重要。无可否认，美是有价值的，我们也希望自己样貌好看。但价值是多元的，在任何理性的规划中，我们都不应该只考虑单一价值，并将这单一价值作为最高目标，忽略对其他价值的追求。

㉙ 问：如何对儿童进行性教育?

答：我们没有必要太早让儿童接受这方面的教育，可以等孩子开始好奇、想了解时再开始。我们只需要在适当的时候以一种真实而简单的方式给出答案。最重要的是，我们要赢得儿童的信任，如果儿童信任父母，他们会选择相信父母的解释，他从同伴那里听来的解释就会大打折扣——要知道人们大概90% 的性知识都是来自同伴。父母在回答关于性方面的问题时，合作、友好的方式要比百般推托、闪烁其词的做法重要得多。

㉚ 问：孩子的天赋有多重要?

答：对孩子来说，最重要的是教育而不是天赋。在教育孩子的过程中，教育者不要因为遇到问题就轻易泄气，不能因为付出的努力没有收到立竿见影的效果就变得绝望，不能因为孩子垂头丧气、缺乏兴趣或者极端被动就断言孩子注定失败，也不能让自己被天赋早注定的遗传论所影响。教育者应该努力给孩子更多的勇气和信心，教导他们不要将困难视为不可逾越的障碍，而是将它们视为需要面对和克服的问题，以此激发他们的心理潜能。

儿童教育心理学

阿德勒关于儿童心理发展、性格与人格养成的秘密

[奥] 阿尔弗雷德·阿德勒（Alfred Adler）◎著
王明粤◎译

The Education of Children

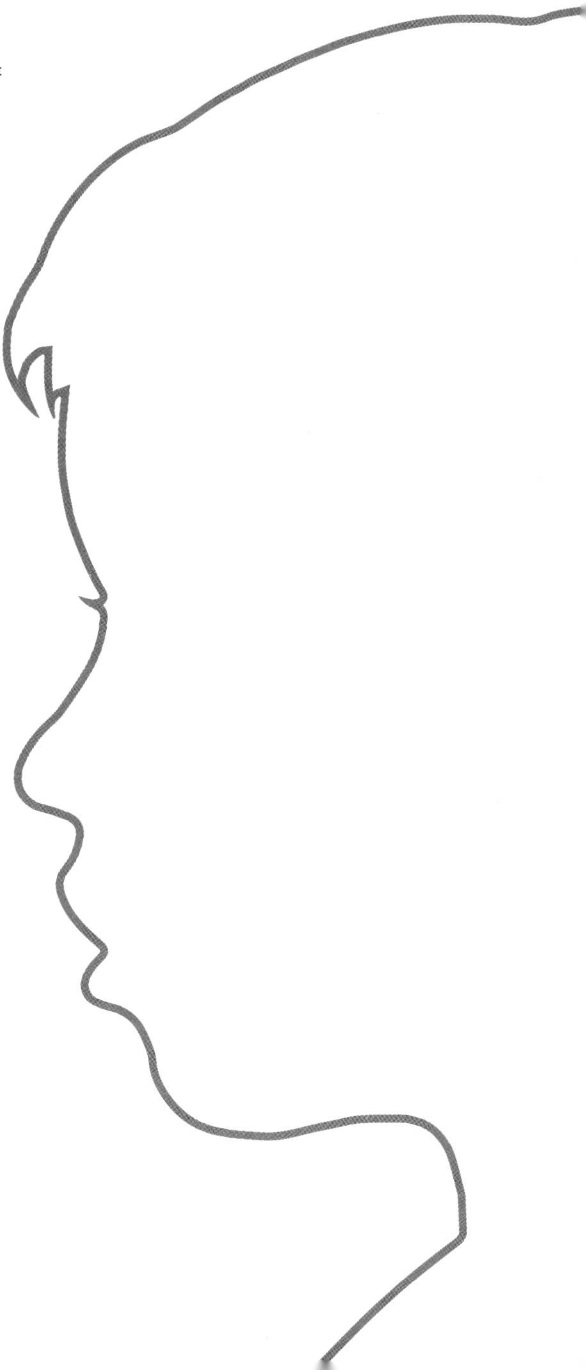

成都时代出版社
CHENGDU TIMES PRESS

图书在版编目 (CIP) 数据

儿童教育心理学 / (奥) 阿尔弗雷德 · 阿德勒著 ;
王明粤译 . -- 成都 : 成都时代出版社 , 2019.6
ISBN 978-7-5464-2382-1

Ⅰ . ①儿… Ⅱ . ①阿… ②王… Ⅲ . ①儿童心理学 –
教育心理学 Ⅳ . ① G44

中国版本图书馆 CIP 数据核字 (2019) 第 058178 号

儿童教育心理学
ERTONG JIAOYU XINLIXUE
（奥）阿尔弗雷德 · 阿德勒 著　王明粤 译

出 品 人　李文凯
策划编辑　尼　娜 朱红坤
责任编辑　张　露
责任校对　蒋雪梅
封面设计　异　一
责任印制　李茜蕾
出版发行　成都时代出版社
电　　话　（ 028 ）86619530（ 编辑部 ）
　　　　　（ 028 ）86615250（ 发行部 ）
网　　址　www.chengdusd.com
印　　刷　三河市冠宏印刷装订有限公司
规　　格　165mm × 230mm
印　　张　16
字　　数　190 千字
版　　次　2019 年 6 月第 1 版
印　　次　2019 年 6 月第 1 次印刷
书　　号　978-7-5464-2382-1
定　　价　42.00 元

第1章 儿童教育心理学导论

第2章 人格具有统一性和整体性

第3章 儿童都有对卓越和成功的追求

第4章 最卓越的教育：培养儿童的社会情感

第5章 儿童都有不同程度的自卑感

第6章 当自卑感走向自卑情结

第7章 培养具有社会情感的儿童

第8章 正视儿童思维和行为上的偏差

第9章 人格具有发展的连续性

第1章

儿童教育心理学导论

关注并引导儿童的发展

从心理学的角度来看，儿童的教育问题与成人一样，都可以归结为自我认知和自我引导这两个问题。但不同的是，成人有一定的自我引导能力，而儿童还不够成熟，因此成人对儿童的引导至关重要。如果条件允许，我们可以任由儿童在一个良好的环境下自行发展，经过两万年的时间，他们最终可能会达到一个成年人的文明标准。但如此良好的环境和如此长的时间当然是不现实的，因此成人必须关注并引导儿童的发展。

这里最大的问题在于人们不懂如何正确引导儿童。对于成人而言，要了解自己的爱憎悲喜已经够难的了。要了解儿童并用正确的知识引导他们，更是难上加难。

个体心理学特别关注儿童的心理，这不仅为了理论本身，也为了阐明成人的性格和行为。与其他心理学方法不同，个体心理学不允许理论与实践脱节。它注重人格的统一性，并研究影响人格发展和人格表现形式的动力。正因为个体心理学对实践的重视，所以它的知识是科学的，是经过实践检验过的智慧。无论心理学家、父母、朋友还是个体本身，如果他们掌握了这些知识，他们将会懂得在实际生活中学以致用，懂得如何用个体心理学的知识引导人格的发展。

基于个体心理学的这种研究方法，它的理论要义形成了一个有机整体。它认为个体的行为由人格统一性所驱动和指导，人类的所有外显行为都反映了个体内在的心理活动。因而，我们会在第1章整体介绍个体心理学的观点，在后面各个章节中再详尽地阐述儿童心理教育的各种问题。

人类的发展存在一个基本现象，那就是每个人的内心都有充满活力的、有目的的追求。自婴儿时期起，儿童便开始朝着一个无意识形成但又无时不在的目标奋力成长，以使自己变得伟大、完美和卓越。这种追求目标的活动反映了人类独特的思考能力和想象能力，而且它支配着我们生命中所有的具体行动。它甚至主宰着我们的思想，因为我们不是客观地思考，而是根据我们已经建立的目标和生活方式来进行思考。

每个人的身上都隐含着人格统一性。个体既表现出人格的统一性，也对统一性进行个性化加工。因此个体是塑造自己人格的艺术家，他既是一幅画作也是这幅画作的画家。但一名艺术家难以做到万无一失。同样，个体难以完全了解自己的身心，不可能事事完美，相反，他可能相当脆弱而且非常容易犯错。

我们在构建个体人格时，需要注意以下情况：**人格的统一性并不**

以客观事实为基础，而是以个体看待生活的主观认识为基础，它有着独特的风格和目标。人们对事实的看法不一定符合现实，因此生活在同一现实世界的人们进行自我塑造的方式千差万别。每个人都根据自己对事物的认识来调整自己的行为，这些看法有些合理，有些却很荒谬。在成长过程中，我们要经常对个人的心理问题和障碍进行处理，尤其要纠正童年时期的认知偏差，因为这些认知偏差会影响我们后续的生活。

以一个具体的个案为例，有一位52岁的女士，她的问题是喜欢贬损比她年长的女性。在回忆自己的童年时，她认为她的姐姐夺走了所有人的关注，为此她总是感到低人一等、得不到他人的重视。用个体心理学的纵向观察方法来探讨这个例子，我们可以看到这位女士无论在童年还是中年，她都有着相同的心理机制和心理动力：首先她总是害怕得不到重视，其次她会因为他人受欢迎而感到生气或愤怒。尽管我们对这位女士的其他生活及她独有的人格统一性一无所知，但我们可以根据这两个已知的事实进行推测。这时心理医生就如同一位小说家，他必须用一些明确的行动主线、生活方式和行为模式对来访者进行人格构建，而且他必须以这种方式进行构建才能保持人格的统一性。一位优秀的心理医生可以预测这位女士在特定情境下会出现怎样的行为，也可以清楚描述她的人格“生命线”，她会发展出怎样的人格特征。

所有的儿童都有与生俱来的自卑感

个体追求卓越或者构建目标的行为，促进了个体的人格发展。对此，个体心理学提出另一个重要的理论假设：自卑感。**所有的儿童都有与生俱来的自卑感，它会激发儿童的想象，刺激他们通过改善现状来消除自卑感**。个体处境的改善会减少自卑感，心理学认为这是一种补偿机制。

但是，自卑感和心理补偿机制使犯错的可能性大大增加。自卑感也许可以促使目标的达成，但也可能只是带来心理上的调整，个体的内心感觉舒服了，但他与客观事实离得更远；或者因为有自卑感看起来是件很糟糕的事情，为了克服自卑感，似乎唯一的方法就是发展心理补偿机制。尽管这种补偿机制的发展存在必然性，难以避免，但有时丝毫不能改变个体的实际问题。

我们可以将儿童划分为三种类型，这三种类型的儿童都发展出明显的补偿性人格。第一种儿童天生体质较弱或者存在先天缺陷；第二种儿童受到的教育非常严厉，他们感受不到父母的关爱；第三种儿童集宠爱于一身，受到过度溺爱。我们以这三种儿童为例说明三种基本情况，这样方便我们更好地研究和理解其他正常儿童是如何发展的。尽管不是每个孩子都有先天残疾，但令人惊奇的是，很多孩子都或多或少表现出类似行动不便或者身体机能不良引发的心理特征，而这些心理特征最初是研究者在残疾儿童这类极端个案身上发现的。缺乏关爱或者被溺爱的儿童类型也有相应的心理特征，事实上所有的儿童都或多或少具有其中一种儿童的心理特征，甚至两种儿童的特征兼而有之。

以上三种类型的儿童都会产生缺失感和自卑感，作为一种补偿，这种处境的儿童会产生追求卓越的进取心（Ambition）。自卑感和追求卓越是同一基本事实的两个方面，两者密不可分。在病理学上，很难说强烈的自卑感和过度追求卓越这两者哪个更有害。他们一起进行或高或低和有节奏的波动。**就儿童而言，我们发现强烈的自卑感唤起了他们过度的进取心，就如同为灵魂注入了毒药，儿童会一直感觉不到满足**。这种不满足没有任何好处，因为它由不恰当的野心所驱动，只会导致徒劳无功。我们可以看到这种过度的进取心可能已经缠绕并渗透进个体的性格特征和言谈举止中。它如同一种长期存在的刺激物，使得个体很敏感和警惕，以免自己受到伤害或践踏。

个体心理学的研究个案中有很多这种类型的人，他们的能力发展停滞不前，变成我们口中“神经质”或者古怪的人。当这类人越陷越深，他们只会为自己考虑而不会为他人考虑，他们会变得不负责任甚至走上犯罪的道路。无论在道德上还是心理上，他们都变成彻头彻尾的利己主义者。我们发现他们有些人逃避现实和客观事实，为自己构建了一个新的世界。他们做着白日梦，与幻想相拥，仿佛这些虚幻就是现实，最终他们成功获得了心理的平静。通过在脑海中构建现实，他们使现实和心灵达成了和解。

社会情感是儿童心理发展的晴雨表

在个体的发展过程中，心理学家和父母需要注意个体的社会情感发展程度如何。社会情感是个体正常发展的重要决定因素，任何导致社会情感或者集体情感减弱的干扰因素都对儿童的心理成长有着极大的危害，社会情感是儿童正常发展的晴雨表。

围绕社会情感的相关原则，个体心理学发展出它的教育理念。父母或者监护人不能让孩子只与一个人建立依恋关系。如果儿童真是只与一个人建立依恋关系，那这名儿童会发现自己根本无法有效适应将来的生活，甚至可能适应得很糟糕。

了解儿童社会情感发展程度的一个好办法就是观察他入学时的表现。一入学，儿童就要面临人生当中最早和最严厉的考验之一。儿童要面对学校这一新环境，进入新学校可以体现学生有没有做好面对新环境的准备，尤其是他有没有做好面对陌生人的准备。父母普遍缺乏为孩子上学做准备的知识，这就是为什么很多成人回忆学校时光时觉得那是一场噩梦。当然，管理得当的学校常常可以弥补早期教育的不足。理想的学校是家庭和广阔的现实世界之间的中介，它不仅仅是教授知识的地方，也是教授生活知识和生活艺术的地方。我们在等待理想学校发展起来，以克服父母教育儿童的不足，但与此同时，我们也要关注父母错误的教育方法。

学校就像一面镜子，可以凸显出家庭教育的不足，但这也恰恰说明学校的教育环境还不够理想。**假如父母没有让孩子学会如何与其他人相处，这些孩子到了学校就会感到很孤单**。而别人会觉得他们独来独往很奇怪、难以靠近，久而久之这种恶性循环的局面变得越来越稳固。儿童正常的发展受到了阻碍，他们逐渐变成问题儿童。在这种情况下，尽管学校只是将家庭教育的潜在问题暴露出来，但人们会因此归咎于学校，认为这些问题是学校造成的。

问题孩子在学校究竟是否能取得进步，个体心理学还没有定论。我们比较确信的一点是，如果一个孩子开始在学校遭遇失败，这是一个危险的信号。这个信号并不意味着知识教育的失败，而是意味着心理教育的失败。这说明孩子开始对自己失去信心，他们体会到一种挫败感，并开始逃避正常的发展途径和任务。他们竭尽全力试图找到轻松、自由和容易成功的途径。他们偏离了社会所认可的途径，用自己的方法获得优越感以对自卑感进行补偿。与社会认可的正常发展途径相比，把社会道德、责任感抛开对他们来说更不费力，更能凸显自己的厉害和征服感。

然而，尽管他们的外在行为看起来嚣张跋扈、无所畏惧，但内心往往很懦弱和不堪一击。这样的人总是试图做那些肯定会成功的事情，以此来显示自己很强大。我们可以观察有类似行为的罪犯，尽管他们表面不顾后果、胆大鲁莽，实际内心却胆小脆弱。在相对安全的日常环境中，我们可以看到儿童会通过一些不经意的动作暴露自己的软弱。例如，我们通常会看到孩子（成年人也是如此）站不直，总是要倚靠某些东西。以前人们会用一些传统老旧的方法来理解和纠正这些行为，但用这些方法只能治标不能治本。他们会对这样的孩子说："身体不要靠在其他东西上。"实际上，要处理的问题不是孩子把身体靠在东西上的这种行为，而是他需要获得支持的心理感觉。人们可以通过惩罚或者奖励轻易地说服孩子不要再把身体倚靠在东西上，放弃用这种方式来表现自己的软弱，但是他想得到支持的这种强大需要会因此得不到释放，他的问题会继续存在。有经验的好教师可以读懂这种行为，并用共情和理解来消除深层的问题。

从某个单一的迹象，我们可以推断个体存在什么样的心理品质和性格特点。在以上这个案例中，从这个孩子无法摆脱要倚靠东西的行为，我们可以肯定他存在焦虑和依赖的特质。将他和我们所熟知的案例相比较，我们可以推断出他的人格特征，而且能够确定这是一个被过度溺爱的孩子。

现在我们来探讨一下缺乏父母关爱的儿童有什么性格特征。这类儿童的特征在作恶多端的坏人身上体现得淋漓尽致。他们共同的遭遇是在孩童时期遭受过虐待。因此他们逐渐发展出冷酷的个性，变得容易嫉妒和仇恨。这种嫉妒和仇恨的性格特征并不专属于穷凶极恶者，普罗大众也会出现这种特征。这样的个体在照顾自己孩子时，会认为这些孩子不应该过得比他们自己的童年更快乐。我们发现不仅某些父母对待孩子时有这样的想法，有些照料别人孩子的人也会出现这样的想法。

这样的观点和想法，并不一定出自恶意。这只是反映了那些受过严厉教育、缺乏父母关爱的人的心态。这样的人可以说出很多好听的理由和格言，例如“不打不成器”。他们会给我们举出无数的证据和例子，但这并不能使我们信服，**因为僵化、专制的教育方式没有任何用处，事实证明它只会使孩子与教育他的人更疏离**。

通过对不同又相互关联的不健康症状进行探索及实践后，心理学家可以建构出个体的人格系统。借助该人格系统，人们可以揭示个体隐藏的内在心理过程。在研究中，我们用这个人格系统对个体的各个方面进行考察，发现每个方面都能在一定程度上反映出个体完整人格的特征。尽管如此，只有我们在每次考察中都得到同样的结果，我们才会感到满意。个体心理学既是一门科学也是一门艺术，我们不能将其理论框架和概念系统生搬硬套到被研究的个体身上。我们研究的对象是个体，我们绝不能根据个体的一两种行为表现就得出意义重大的结论，我们必须尽可能找到所有可以支持结论的依据。只有成功地证实我们的假设，例如，能够在个体各方面的行为中都发现同样的固执和容易气馁的特质，我们才能肯定地说该个体的整个人格具有固执和容易气馁的特质。

三个最能表现儿童真实自我的基本问题

关于这一点，我们一定要记住，我们的研究对象并不了解自己的表达方式，他很难隐藏真实的自我。我们可以从他的行为了解他的人格，但我们了解他的人格不是根据他对自己的描述和认识，而是根据他在当时情境下的所作所为。这里的意思不是说我们的研究对象故意对我们撒谎，而是我们早已认识到人们意识层面的想法和潜意识层面的动机之间存在着巨大的鸿沟，只有保持客观、富有同情心的旁观者才能较好地跨越这一鸿沟。无论这旁观者是心理学家、父母还是教师，他都要学会在客观事实的基础上对个体人格进行解释，这些客观事实能体现出个体对目的无意识的追求。

因此，个体如何看待以下三个关于个人和社会生活的基本问题，要比其他内容更能体现真实的自我。

第一个基本问题关于**社会关系**，之前我们在对比个体看待现实的主观看法和客观看法时已经讨论过这个问题。但社会关系是一个具体的任务，这个任务是结交朋友和学会与人相处。个体如何面对这个问题？他的答案会是什么？如果个体相信他可以回避这个问题，认为朋友和社会关系的事情对他来说都是无关紧要的，那么无关紧要就是他的答案。从他漠不关心的态度来看，我们当然可以得出关于他人格方向和结构的结论。此外值得注意的是，社会关系并不局限于实际上的结交朋友和与人相处，友谊、坦率和忠诚等所有抽象观念也属于社会关系范畴。个体如何看待社会关系就会如何看待这些抽象观念。

第二个基本问题关于**个体想如何度过他的一生**，也就是他想在社会劳动分工中担任什么角色？如果这个社会问题与多个个体有关，由“我——你”的关系决定，那么我们可以说这个问题其实由最基础的“人——地球”的关系决定。如果有可能将全部人类缩减到只剩一个人，那么这个人会与地球产生密切的关系。他想从地球得到什么？这跟第一个基本问题一样，这不是单方面或者个人的问题，而是关于人和地球的问题。这问题涉及双方，不是个体单靠自己就能解决的。**成功不由我们的个人意志所决定，它取决于客观现实**。基于这个原因，个体如何回答想做什么工作的问题，以及他具体是如何做的，这都体现了他的人格特征及生活态度。

第三个基本问题关于**如何处理两性关系**。解决这一问题同样不是个人和主观的事情，我们只能根据两性关系的内在客观逻辑来解决。“我是如何看待异性的？”跟前两个问题一样，有人认为这个问题因人而异，这又是一种典型的错误观念。只有全面考虑所有关于两性关系的问题，我们才能找到正确的处理方法。**无法正确处理好爱情和婚姻的问题，这在一定程度上显示了个体的人格缺陷**。因而，我们可以根据人格的潜在缺陷来解释两性关系处理不当所产生的不良结果。

由此可见，我们能够从个体回答这三个问题的方式中发现他的生活风格及个人特定目标。个体的目标可以透露出很多信息，它决定了个体的生活方式，而且个体的所有行动都能反映出他所追求的目标。因此，如果个体的目标是努力成为一个生活积极的人，那么在个体解决问题时，这个积极的目标会清晰地显现出来。个体使用的解决方法也有着建设性的作用，伴随着这些有建设性的积极活动，个体会产生幸福感、价值感和力量感。如果与之相反，目标指向了生活消极的一面，个体会发现自己无力解决根本问题，同时缺乏正确解决问题后的快乐感觉。

这三个基本问题之间有着紧密的关联。在社会生活中，这三个基本问题会衍生出一些具体的任务，个体只能在社会环境或者公共环境下完成这些任务，换言之，个体要在社会情感的基础上完成这些任务。经过这些过程，三个基本问题之间的关联变得更加紧密。在儿童早期，这些具体任务就已经开始出现。随着社会生活的刺激，通过"看""说""听"的锻炼，通过与兄弟姐妹、父母、亲戚、熟人、伙伴、朋友和教师建立关系，我们的感觉器官开始不断发展。在后续的生活中，个体继续以同样的方式成长，而那些脱离社会接触的人会变得迷失。

因而，个体心理学立场坚定地认为对社会有用的事情才是"正确的"。它认为，**任何背离社会准则的事情都站在"正确"的对立面，与客观规律和客观现实相冲突，并带来很多不良后果**。首先，这种与客观现实的冲突会使违反社会准则的人感到缺乏价值感。其次，在这段关系中感觉自己受伤害的人会使用更加厉害的手段进行报复。最后，我们每一个人都有意无意地心怀一种社会理想，而违反社会准则的行为破坏了人们内在的社会理想。

个体心理学极其强调个体是否具有社会意识，这是检验个体发展的重要标准。通过观察儿童是否具有社会意识，个体心理学发现理解和评估儿童的生活方式变得很容易。生活难题就像一道检验关卡，一旦孩子在生活上遇到难题，我们就可以发现他是否已经做好“恰当”的准备。换言之，我们可以看出他是否具有社会情感、面对困难的勇气、解决问题的能力及积极向上的目标。接着我们试图发现他努力追求目标的方式和节奏、自卑感的程度及社会意识的强度。所有这些事物都紧密地相互联系和渗透，从而形成一个有机的、牢不可破的整体，这就是人格的统一性。这种统一性是非常稳固的，除非个体发现自己的人格构建出现问题，这时新的人格统一性才会进行重建。

第2章

人格具有统一性和整体性

解读儿童行为的前提是了解他的整体人格

儿童的心理非常奇妙，当你走进儿童的内心，会发现它的方方面面都令人着迷。最值得注意的是，我们一定要展开儿童的整幅人生画卷，才能更好地理解儿童的每种行为。儿童的每种行为都反映了他的整体生活和整体人格，如果不结合这些常人难以窥见的背景来对行为进行解读，我们就无法真正了解儿童行为的含义。我们将这种现象称为“人格统一性”。

行为和表达协调发展并逐渐形成单一模式，这就是人格统一性的发展。这种发展开始于童年早期，生活的要求迫使儿童以一种统一的模式进行反应，这种应对环境的统一模式不仅构成了儿童的性格，而且使儿童的每种行为都个性化，以区别于其他儿童的类似行为。诸多心理学派忽视了人格统一性这一事实，虽然有些学派对此有所提及，但是还没有给予应有的重视。因此在心理学理论和精神治疗技术研究中，我们经常看到某个特定的姿势或者表达方式被单独拿出来讨论，似乎它可以自成一体，不需要结合其他因素一起考虑。有些心理学派将这些表现形式称之为“情结”，其理论假设是可以将它和个体的其他行为分开并单独进行讨论。但这样的做法就如同人们把单个音符从整段旋律中抽取出来，然后试图单独理解这个音符的意义，完全不考虑旋律中的其他音符。这是不恰当的做法，但不幸的是这种做法开始流行起来。

个体心理学十分反对这种常见的错误做法，如果这种做法被应用于儿童教育，则会后患无穷。惩罚理论就是如此，只单独考虑某种行为。我们可以结合实际情况想一下，如果因为孩子做错事情，我们采取了惩罚的措施，一般会导致什么后果？**某种意义上来说，惩罚理论确实考虑了儿童人格的整体印象，但是惩罚对儿童来说仍是弊大于利**。如果儿童多次犯同样的错误，教师或者父母容易对儿童产生偏见，认为他们不可救药。但如果这个孩子平时表现不错，那么他即使犯了错，我们也不会很严厉。但以上两种处理方式都没有考虑问题的根源，我们应该在整体理解儿童人格统一性的基础上处理问题。以上两种处理方式就如同把音符从整首旋律中抽取出来，单独理解音符的含义。

有时我们会问孩子：“为什么这么懒惰？”虽然了解原因对我们来说很重要，但我们不要期待孩子真的知道原因。同样道理，当我们问孩子为什么撒谎时，也不要期待他告诉我们原因，因为他很难说出个所以然来。苏格拉底对人性的了解如此深刻，千百年来，他的名言一直在我们的耳边回响：“人最难的就是认识自己！”连苏格拉底都觉得了解自己很难，即便心理学家也很难找到答案，我们又怎么能期待一个孩子回答这么复杂的问题呢？要理解个体行为的意义，首先要掌握理解整体人格的方法。这个方法不是描述儿童的具体行为、他是如何实施的，而是让我们学会理解儿童面对任务时的态度和想法。

我们用下面的例子说明了解儿童的整体生活背景有多重要。有个13岁的男孩，他是家里的老大，8岁前他是独生子，集万千宠爱于一身，过着予取予求的生活。毫无疑问，父母对他宠爱有加。他的爸爸性情和善、安静，他很享受儿子对他的依赖，但由于他是一名军人，需要经常远离家门。自然，这位男孩与妈妈的关系比较近。他的妈妈聪明、善良，她试图满足这个依赖而固执的儿子的每一个心血来潮的想法。但她也经常为儿子的缺乏教养和胁迫行为感到恼火。他们之间的关系有时比较紧张，主要因为男孩经常向母亲施压，对她颐指气使、百般戏弄。总而言之，男孩以令人难受的方式对待家庭成员来引起关注。

男孩的妈妈为此相当恼火，但他的本性不坏，所以他的妈妈只能一再容忍，仍然任劳任怨地帮他整理衣物，帮他辅导功课。男孩坚信妈妈会帮他解决所有问题。显然，他是个非常聪明的孩子，他和其他孩子一样受到良好的教育。直到8岁，他在小学的表现都相当好。妹妹出生后，他的生活发生了巨大转变，男孩与父母的关系逐渐恶化。他开始自暴自弃，完全不爱惜自己。一旦他的要求没有得到满足，他就会扯妈妈的头发、捏她的耳朵和拽她的手，让她不得安宁、濒临崩溃。他拒绝改正这些行为，随着妹妹的长大，他反而更加坚持这种行为模式。小妹妹很快成为他戏弄的目标。虽然他还不至于伤害妹妹的身体，但是他对妹妹的嫉妒非常明显。他的恶劣行为始于妹妹的出生，这是因为家庭成员的增加使得家庭成员的排序发生了变化，他由独生子变成了长子，不再独享家人的宠爱，他的行为由此发生改变。

儿童对情境的认识并不基于客观事实

当儿童出现不良行为或者某些令人不愉快的迹象时，我们一定要考虑首次出现问题的时间点，以及诱发问题的原因。在上述案例中，我们要特别注意这一点。虽然很不情愿，但我们不得不使用“原因”这个词。尽管一般人很难理解为何妹妹的出生会是哥哥变成问题儿童的“原因”，但这种情况确实时有发生。我们只能认为哥哥对妹妹的出生存在认知偏差，但不能把妹妹出生和哥哥变坏这两件事等同于严格意义上的因果关系，因为我们不能断定年幼孩子出生一定会导致年长孩子变坏。如果一块石头往下掉，我们能够断定它肯定按照一定的方向和速度下坠，但是个体心理学的调查研究证实，心理的“坠落”不存在严格的因果关系，因为个体不时犯下的各种错误都会影响他将来的发展。

毫无疑问，人在心理发展过程中肯定会犯错误。这些错误及其结果并存，主要体现在一些失败事件或者错误定位上。心理活动需要设定目标，而在设定目标之前要对事件进行判断，做判断就意味着有犯错的可能。早在儿童时期，设定目标的行为就已经出现。**一般来说，儿童在2~3岁的时候开始为自己设定一个追求卓越的目标，在这一目标的引领下，个体以自己的方式朝着目标奋斗**。尽管儿童设定的目标通常存在一定的错误判断，但该目标在一定程度上约束着儿童的行为。儿童会通过具体的行动落实自己的目标，并对自己的生活进行安排，以便对目标进行持续的追求。

我们要牢记儿童对事物的主观认知决定了儿童的发展。当儿童遇到新的困难情境时，已有的错误认知会限制他们的行动，认识到这一点对我们来说也很重要。环境对儿童产生怎样的影响并不取决于客观事件或者遭遇（例如第二个孩子的出生），而是取决于儿童如何看待这个事件或者遭遇。这是反驳因果理论的充分依据：客观事件与绝对含义之间存在着必然的联系，但是客观事件与错误认知之间并不存在必然联系，不同个体对同一客观事件可能存在不同的错误认知。

我们对心理活动进行探讨时要注意：决定行动方向的是观点而不是客观事实。这一点很重要，因为看待事物的观点是行为和人格形成的基础。恺撒登陆埃及的事件就是一个很经典的例子，它很好地说明了主观想法是如何起作用的。当恺撒跳到岸上时，他踉跄了一下倒在地上，罗马战士认为这是一个不祥的预兆。尽管这些战士很勇敢，但是假如恺撒没有伸出他的双臂大喊“非洲，你是我的了”，这些战士早就掉头撤退了。从这个事件中我们可以看到，事实与行为之间并不存在因果关系，事件如何产生影响与个体的人格有关，结构化、良好整合的人格决定了事件对个人行为的影响。大众心理和理性思维之间的关系也是如此。有时人们的大众心理会让位于理性思维，这与当时的情境无关，因为大众心理和理性思维都是个体自动自发产生的观点，只与个体的主观认识有关。但通常，在个体尝试过错误的观点之后，理性思维才会出现。

儿童的行为模式由他设定的目标所决定

回到男孩的故事，他会很快发现自己陷入了困境。他不再讨人喜欢，在学校里没有丝毫进步，但他依然我行我素，不断惹恼别人，这种行为已经成为他人格的完整表现。接下来会发生什么？只要他打扰别人，就会立即受到惩罚。他的成绩单可能非常糟糕，或者学校会给他的父母寄投诉信。情况没有任何改善，最终学校建议他退学，因为他看起来并不适合学校生活。

退学回家正是男孩求之不得的结果。他的态度再次体现了行为模式的一致性，他始终秉承一种错误的态度，难以改变。他最基本的错误观念是要成为人们关注的焦点。如果确实要对他进行惩罚，惩罚的理由应该是这一错误观念。由于这个错误的观念，他总是试图让妈妈围着自己转。他如同一位君王，享受了8年的绝对权力，但他的妹妹出现了，他突然被摘下了皇冠。为此他拼命地抗争，试图夺回失去的皇位。这是他的另一种错误态度，但是我们必须承认这样的态度本质上没有任何恶意。**当儿童对新情境没有任何心理准备，也没有人对他进行指导时，他只能孤军奋战，这时敌意就会出现**。举个例子，如果一个孩子已经习惯了全家围着自己转，家人把他照顾得无微不至，那么入学时，情况会发生翻天覆地的改变：教师要关注多个学生，不可能像家人一样只关照某个孩子。因而，当有孩子想获得额外关注时，这会让教师感到恼火。对于被宠坏的孩子来说，这种情境充满了危机。但一开始，这孩子其实并没有恶意，远没有到不可救药的地步。

由此可见，案例中的男孩的个人生活计划和学校要求的生活计划是相互冲突的。我们可以用图解来呈现这一冲突，将男孩的人格方向及目标与学校设立的目标分别画出来。两者的方向完全背离。儿童设定的目标决定了行为的方向，他的整个人格系统只由这一目标所指引，除此以外别无他物，但另一方面，学校希望每个孩子都有正常的生活模式，因而两者冲突不可避免，但是学校不了解个体的心理特点，没有体现出教育和管理的宽容，也没有相应的化解措施。

男孩内心主要的动力和欲望是希望妈妈只为他一个人服务。他心里只有一个念头：我要控制我的妈妈，我一定要独占她。但实际生活中，他还有其他活动和任务。人们期待他有独立做事的能力，期待他把学校的书本纸张都整理妥当，可以把自己的东西收拾得井井有条。这些要求如同给一匹狂奔的野马套上一驾马车。

在这种情况下，男孩的表现肯定会受影响，但了解真实的情况后，我们会对男孩产生更多的同情。在学校里，对这个男孩进行惩罚不起作用，这只会让他更加确信学校没有他的容身之处。而学校开除他、要求家长把他带走，男孩会觉得正中下怀。他错误的认知方式就像一个陷阱，他深陷其中难以自拔。他觉得自己获得了胜利，因为他又可以真正拥有妈妈了。她必须只围着他一个人转，这正是他的目的所在。

当我们了解事实的真相，我们必须承认采取惩罚措施毫无用处。例如，孩子上学经常忘记拿书，是因为他知道忘了拿书才能让妈妈为自己操心。这种行为不是孤立存在的，而是整体人格的一部分。人格的所有表现都具有统一性，男孩只是按照他的生活方式行事。他能够始终如一地按照自己的逻辑行事，证明以下假设是错误的：他不能完成学校的任务是因为能力低下。一个能力低下的人不可能将自己的生活方式始终如一地执行到底。

这个非常复杂的个案引出了另一个问题：每个人都处于与男孩类似的情境。**每个人的个人目标、对生活的理解都很难与既定的传统社会准则完全保持一致**。以前我们认为传统社会准则神圣不可侵犯，然而如今，我们开始意识到社会制度不是圣旨，也不会固定不变。它们不断发展变化的驱动力就是社会个体的不断抗争。**社会制度为了个体利益而存在，而不是个体为了社会制度而存在**。的确，社会意识使个体获得了心灵的救赎，但是社会意识并不意味着强迫个体接受千篇一律的社会模式。

个体与社会的关系是个体心理学理论的基础，上述关于个体与社会关系的思考适用于学校的教育，也适用于问题儿童的处理。学校一定要懂得将儿童视为一个有独立人格的人，将他视为值得培养和值得发展的人，同时学校一定要懂得从心理学的角度判断儿童特殊的行为。正如我们所说，我们不能将这些特殊的行为看成整首旋律中的单一音符，而要结合人格的统一性去理解该行为。

第3章

儿童都有对卓越和成功的追求

追求卓越唤起儿童超越现状的欲望

除了人格统一性，人类天性中最重要的一项心理内容是追求卓越和成功。追求卓越与自卑感有直接的关联。如果不是有自卑感的存在，超越现状的欲望也不会产生。实际上，追求卓越和自卑感是同一心理现象的两个不同面，但为了更好地说明问题，我们会将两者分开讨论。在这一章里，我们会集中讨论追求卓越及其对教育的意义。

我们关心的第一个问题是：追求卓越是否像生物本能一样与生俱来？我们必须说这是不大可能成立的假设。我们确实不能将追求卓越视为与生俱来的心理品质，但个体确实存在追求卓越的心理根基，个体必须具有这样的生物基础，追求卓越才有发展的可能。可以这么理解：**人类天性与追求卓越的发展密切相关，但不存在因果关系**。

众所周知，人类活动有一定局限性，有些能力我们永远难以企及。例如，我们的嗅觉不可能像狗一样灵敏，我们的眼睛也不可能看到光谱中的紫外线。但是，某些功能性的能力有可能得到进一步发展，由此可知，追求卓越以及人格演变有其生物学根源。

儿童和成人都有维护良好自我形象的强大动力和欲望。这种动力和欲望难以消除，因为人类天生不能容忍长久的屈从。人类甚至推翻了众神，不愿意永远屈从于神的脚下。**堕落感、贬低感、不确定感和自卑感都会唤起个体想要超越现状的渴望，以获得补偿和达到圆满**。

儿童的某些特征反映了外界环境的作用，外在环境使儿童产生自卑、软弱和不确定感，这些感觉反过来会对儿童的整个心理产生影响。儿童希望摆脱这些消极感受，达到一个更高的水平，并获得平等和受重视的感觉。向上的愿望越强烈，儿童就会把他的目标设得越高，努力证明自己的能力，甚至希望证明自己可以超越人类极限。儿童通常得到成人很多的支持和帮助，以至于他认为自己能力很强，他在内心为自己的将来描绘了一幅图景，在图景中他的形象几乎等同于上帝。在某种程度上，儿童的想象是内心感受的映射，有些儿童认为自己拥有神力。内心脆弱、不自信的孩子容易产生这种想法。

有位14岁的男孩觉得自己的心理状态非常糟糕。当他回忆童年时，他想起自己6岁时不会吹口哨，所以内心非常痛苦。然而，某天他走出家门时成功吹出了口哨。他觉得非常神奇，以至于认为这是上天的杰作，是神灵附体。一方面男孩内心比较脆弱，另一方面他认为自己是个大人物，这两者有着密切的关联。

对卓越的渴望与一些鲜明的个性特征相联系。从儿童渴望追求的内容可以看出他的进取心有何特点。如果个体强烈渴望获得自我肯定，这会导致儿童产生嫉妒心理。这种类型的孩子倾向于希望自己的竞争对手遭遇厄运。这种阴暗的想法经常导致个体患上神经症，而且个体不只是有想法，他有时真的付诸行动：做出伤害对方的举动，给对方制造麻烦，甚至表现出犯罪特质。他们通过造谣中伤、泄露隐私和贬低他人来提高自我价值感，有他人围观的话更是如此。任何人都不能超越他，所以对他来说抬高自己和贬低别人有着同样的效果。如果个体渴望追求权力，让自己变得非常强大，伴随出现的就是恶意的报复行为。这类孩子比较好斗、喜欢挑衅，这通过观察其外表就可以看出来：他们目露凶光，突然暴怒，随时准备与假想敌进行战斗。对于这类追求卓越的孩子来说，参加考试是极其痛苦的事情，因为这很容易暴露他们的弱点。

这也说明考试制度要进行调整以适应儿童的心理特点。考试对不同的孩子来说意义并不相同。有些孩子觉得考试是件苦差事，他们的脸色一阵红一阵白，话都说不清楚，身体发颤。因为羞愧和害怕，他们呆若木鸡，头脑一片空白。有些孩子只能和别人一起考试，如果安排他们单独考试，他们感觉有人盯着，根本就无法作答。儿童在游戏中也会表现出对卓越的渴望。如果已经有人扮演车夫，那么强烈渴望追求卓越的儿童不会愿意扮演一匹马。他希望自己当车夫，可以领导和指挥别人。如果没有机会扮演这样的角色，他会想办法扰乱游戏，以此取悦自己。如果他继续在其他方面受到挫败并因此气馁，这会严重打击他的进取心，在面对新状况时，他只会退缩，不会迎难而上。

那些不曾遭受挫败、进取心强烈的孩子喜欢参与竞争类的游戏。但遭遇挫败时，他也会感到惊慌失措。根据儿童喜爱的游戏、故事和历史人物，我们可以推断他渴望得到怎样的自我肯定。有些成年人很崇拜拿破仑，那他就是一个充满进取心的典型人物。幻想自己成为一个狂妄自大的人是儿童强烈自卑感的表现。这种自卑感使受挫的个体在虚幻世界中寻找满足感和陶醉感。做梦也是同样的情况。

个体追求卓越的方向差异很明显，为此我们进行了分类。因为差异较多，所以分类难以精确，其主要差异表现为儿童的自信程度不同。有一类孩子发展顺利，追求卓越的方向积极有益。他们受到教师的喜爱，遵守规则，在学校的表现正常。但据我们所知，这类孩子不占多数。

另一类儿童总想努力超越别人，但他们努力的方式并不恰当。他们的进取心过于强烈，但有时候人们认为这无关紧要，因为通常人们认为进取心是一种好品质，并习惯鼓励儿童加倍努力。这种观念并不正确，因为过于强烈的进取心会影响儿童的发展并给他们带来痛苦。膨胀的进取心使儿童总是处于紧张状态，儿童只能短期忍受这种紧张状态——持续紧绷的弦终会断裂。还有一类儿童终日窝在家中阅读和学习，影响了其他活动。这类儿童容易回避问题，不在学习以外的活动上花心思，因为他们渴望在学校独占鳌头。这类孩子难以茁壮健康地成长，他们的发展令人堪忧。

为了超越他人而只专注于学习的方式不利于儿童成长。我们要适时地提醒他不要在书本上花费太多时间，要多参加户外活动，与朋友们一起玩耍，让自己的生活更丰富。同样，虽然这种情况时有发生，但在儿童中也不占多数。

有意思的情况是，班里通常有两名学生暗暗互相较劲。假如有机会近距离进行观察，我们会发现这类相互竞争的孩子有着不讨人喜欢的特点。他们嫉妒心强，而有着独立和谐人格的孩子不会如此。他们为其他孩子取得的成绩感到恼火，看着别人继续进步，他们甚至出现神经性头疼、胃疼等毛病。当其他孩子受到表扬时，他们退至一旁，而且他们从来不对他人的优点表示称赞。这只是一种嫉妒的表现，还不能充分说明儿童具有过于强烈的进取心。

这类儿童难以与同伴融洽相处。在所有的活动中，他们只愿意处于主导位置，不愿意在游戏中担任服从的角色。因而，他们在同学面前表现傲慢，不能与同伴愉快地玩耍，这使他们更加确信自己在同伴中的地位岌岌可危。这类儿童对获得成功没有信心，会为自己所处的危险境地感到慌乱。他们背负着自己和他人的期待，压力重重。

这类孩子敏锐地觉察出家庭对自己的期望。他们眼前总是出现一幅超越别人、成为耀眼之星的图景，为此他们兴奋而紧张地完成每项任务。他们肩上承载着沉甸甸的希望，但他们甘之如饴。

如果人类拥有绝对正确、尽善尽美的解决方法，以上儿童就可以幸免于难，这样就不会出现问题儿童了。但这样的方法并不存在，儿童的学习环境也不够理想和完美，所以这种对儿童饱含焦虑的期待无疑相当危险。与进取心适度的孩子相比，进取心过度的孩子面对困难的态度截然不同。这里的困难是指不可避免的困难。要使儿童完全免遭困难是难以企及的奢望，一方面因为我们的教育方法不够完善，普适性有待提高；一方面因为儿童的进取心过度强烈会摧毁他们的自信心，使他们缺乏足够的勇气去面对困难。

进取心过度的孩子只关心结果，即人们是否认可他们的成绩。如果缺乏人们的认可，那即使成绩斐然，他们也不会感到满意。众所周知，面对困难仍能保持内心的平衡要比立刻解决问题更重要。但过度进取的儿童意识不到这一点，他们无法忍受得不到认可。因此，不少个体过于在意他人的评价，只能依赖他人的意见行事。

自卑感和优越感要维持基本平衡

在自我价值问题上保持内心的平衡十分重要，具有先天缺陷的个案充分说明了这一点。这样的个案并不少见，例如很多儿童左边的身体功能要优于右边，这一事实鲜为人知。因而在右利手为主的文化里，左利手的儿童遇到的困难比较多。几乎所有左利手的孩子都在写作、阅读和画画等方面存在障碍，而且他们为此感到尴尬。对儿童的优势手进行鉴别很有必要。让儿童十指交叉，左利手的孩子通常把左拇指放在右拇指的上面，这个方法不完全正确，但可以帮助我们进行初步的鉴别。我们惊讶地发现不少人天生是左利手，而他们毫不知情。①

当我们对大量左利手儿童进行调查研究时，我们发现了以下事实：首先，以右手做事的标准来看左利手儿童，他们显得很笨拙。这种情况

① 这是近一百年前的观察和发现。科学发展日新月异，而今人们对于左利手、右利手的科学认识和观点已经发生较大的改变。——译者注

就好比习惯靠右行驶的人到了英国或者阿根廷这种习惯靠左行驶的国家驾车时会手足无措。而左利手儿童的情况只会比这更糟糕：如果他的家人都习惯用右手，那左利手不仅会给他带来困扰，还会影响家人的生活。在学校，他的表现也不佳，因为人们不了解事情的真相，只会责怪他能力跟不上，因而他的成绩得分不高，还经常受到惩罚。他自己也无法解释原因，只能归因于自己能力不足。他认为自己低人一等，难以与他人竞争。在家里，他也会因为行为笨拙受到指责，这进一步加深了他的自卑感。

虽然不是所有孩子都会因此一蹶不振，但是不少孩子在这令人沮丧的情境下放弃了努力。他们不明白背后的原因，也没有人向他们解释如何克服困难，在这种情况下坚持努力非常困难。因为左利手儿童的右手从来没有得到充分的训练，他们写字很不工整。但事实证明这一问题可以克服，有些一流的艺术家、画家还有文字雕刻家就是左利手。虽然天生右手不灵活，但只需通过刻意练习，他们就可以掌握使用右手的能力。

有一种迷信的说法认为如果训练左利手的人使用右手，他们说话会结巴。为此我们可以这样理解：这些孩子遭遇的困难如此之大，以至于他们丧失了说话的勇气。这就是为什么不少左利手的人在遭遇挫折后沦为神经症患者、自杀者、罪犯或者怪人。另一方面，不少克服了左利手困难的人成绩斐然，这在艺术领域尤为常见。

左利手并不是重大的生理缺陷，但仍然提示我们不能早早对儿童的能力下判断，以免压制他的信心和勇气。如果我们通过责骂和恐吓泯灭他们对美好未来的期望，他们也许可以继续前行；但如果我们能给他们加油鼓劲，增加他们的勇气，他们更加大有可为。

进取心过度的儿童处境艰难，因为他们评价的标准只局限于成功与否，而看不到自己克服困难的过程。**在当今的社会文化中，人们更关心表面的成功而不是全面的教育。但可以轻易获得的成功只会昙花一现，因而培养一个野心勃勃的孩子毫无好处**。更重要的品质是勇敢、坚持和自信，遭遇失败也不会气馁，反而把失败当成新问题加以处理。当然，如果教育者能够识别孩子努力的程度和作用，这些孩子的处境会容易很多。

由此可见，追求卓越可以表现在进取心等性格特征上。追求卓越的儿童最初充满了雄心壮志，但如果看到别人已经远远走在前面，他们又会放弃自己的雄心壮志，觉得目标难以企及。不少教师用严厉教育和打低分的方法对待进取心不足的孩子，以此激发他们沉睡的进取心。如果这些孩子的勇气没有完全磨灭，这种方法也许会奏效，但不宜普遍使用。对于那些学习成绩已经远远落后的孩子，这种做法会使他们更加不知所措。

另一方面，如果儿童能够得到温柔对待、关心和理解，他们会表现出让人意想不到的智慧和能力。他们通常表现出更强的进取心，因为他们害怕回到过去的状态。过去的生活方式和无所作为历历在目，不断鞭笞他们前进。在以后的生活中，他们着了魔一样地日夜忙碌，即使已经过度工作，他们仍然认为自己做得还不够。

个体心理学认为人格具有统一性，个体按照统一的行为模式行事。

如果我们还记得这一主导思想，上述内容就更清晰了。脱离个体的人格来对行为进行判断，这是错误的做法。同一具体行为有多种解释，了解行为背后的人格特征，可以帮助我们做出更加准确的判断。例如，有个孩子每次都拖延学校布置的任务，这表明他不愿意与学校有任何瓜葛，因而想方设法不遵守学校的要求。

从这一角度出发，我们能看到这个“坏”学生的整体人格。非常不幸，他对卓越的追求没有表现为接受学校的管教，而是转化为与学校进行对抗。他表现出一系列典型的行为症状，这种情况愈演愈烈直至无法挽回。这个孩子如同一名宫廷小丑，恶作剧层出不穷，以逗人发笑为乐。他还会招惹同伴，旷课逃学，与坏人为伍。

由此可见，我们不仅影响着学生的发育成长，也影响着他们未来的发展。学校教育是孩子从家庭生活过渡到社会生活的桥梁。恰当的学校教育可以纠正个体在家庭中形成的错误生活模式，也可以帮助孩子为适应社会生活做准备，确保个体能在社会中找到自己的角色，就如同在交响乐团中担任一名合格的演奏者，与人合力奏出优美的乐章。

任何儿童都有对优越感的追求

从历史的角度来看，学校会根据时代和统治阶层的要求来教育儿童。如今社会要求已经发生改变，学校也必须随之改变。如果当今社会需要的理想人才是独立、自主和富有勇气的人，那么学校必须调整教育目标，使个体的发展接近社会的要求。

换言之，学校不能以自身发展为目的，要谨记教育是为了社会而不是为了学校自身。因此，我们不能忽视所谓的“差生”。他们并不缺少对优越的追求，他们只是在学业上表现不佳。他们其实不需要在自己不擅长的活动上太过费神，而应该把精力转移到力所能及的活动上，这样更容易获得成就感。他们之所以容易在这些活动上获得成功，可能因为早年无意中受过训练。因此虽然他们不能成为出色的数学家，但也许可以在运动上脱颖而出。教育者要重视儿童的特长，并以此为契机鼓励他们在擅长的领域有所作为。如果教育者能从儿童令人鼓舞的小成就着手，鼓励他们相信自己在其他事情上也能获得成功，那教育者的任务就简单多了。利用一个领域的成功引领孩子进入另一个领域，就如同将孩子从一个肥沃的牧场吸引到另一个肥沃的牧场。既然所有的孩子（智力低下者除外）都能取得成功，那么学校的任务就是克服一些人为的障碍，例如学校只看重学业成绩，不看重最基本的教育目标和社会对人才的要求。从孩子的角度来看，这些人为障碍会摧毁他们的自信心，导致他们通过错误的方式追求卓越，忽略了积极有益的正确方式。

在这种情况下，儿童会想办法逃避。他经常做出吸引教师关注但不为教师赞许的举动，例如表现出无礼和固执，以此引发其他孩子对他的崇拜。他还经常制造麻烦，并以此为荣，自以为很厉害。

学校如同一面镜子，个体的心理表现和行为偏差在学校得以现形，但问题的根源不能完全归结于学校。尽管学校的教育活动和教育使命有着积极意义，但从消极的角度来看，学校是检验家庭教育缺陷的场所。

如果教师足够优秀和善于观察，新生入学的第一天，他就能收集很多信息。受到过度溺爱的儿童在学校这一新环境中感觉非常痛苦和不愉快，他缺乏与人相处的经验，无法在这里收获友谊，但学会交友必不可少，最好让儿童在上学之前就了解如何与他人建立关系。学校在一定程度上可以弥补儿童入学前的家庭教育缺陷，但这样的缺陷越少越好。

娇生惯养的儿童不可能一来到学校就能突然专注于学习。他们难以专心，还没有“上学意识”，他们宁愿待在家里而不是上学。他不愿意上学有很多表现：早上父母要哄着他起床；要不断催促他才愿意做事；

吃早餐的时候磨磨蹭蹭，诸如此类。他们为自己筑起了一道难以逾越的障碍，使自己难以取得进步。

矫正这种行为的方法与帮助左利手者类似，我们要给儿童足够的学习时间。不要因为迟到而惩罚他们，这只会增加他们对学校的反感。惩罚会让孩子更加确信自己不属于学校。如果父母通过打骂逼孩子上学，他不仅不愿意去，还会想方设法抵抗。我们可以通过孩子的一举一动看出他是否对学校反感，比如，他从来不收拾书本，时而忘记带书，时而把书弄丢，那这个孩子肯定不喜欢上学。

如果进一步观察，我们会发现他们对取得好成绩不抱任何希望。这种自我贬低并不完全是他们的责任，还包括环境的影响。他们的家人在极度失望时会断言这个孩子毫无前途，或者指责他们愚蠢无能。当他们入学后，遭受的挫败会一一证实这些指责。儿童不具备完善的判断分析能力，无法纠正这些错误评价，并且缺乏长辈的引导，因此他们未战先怯，早早选择了放弃。他们认为失败难以跨越，再一次证明了自己的无能和自卑。

这种情况下，个体改正错误的可能性很小。尽管他们努力追赶还是被远远甩在后面，因而他们不再努力，转而花心思编造不上学的理由。逃课不上学是比较严重和糟糕的行为，儿童为此受到的惩罚非常严厉。因而儿童出于无奈，选择弄虚作假逃避惩罚，他们在错误的道路上越走越远。他们伪造父母签字，伪造成绩单，编造每天去上学的谎言，实际上他们已经逃学一段时间了。在上学时间，他们需要找个藏身之处，毫无疑问他们会在那里遇上其他逃学的孩子。当逃学满足不了他对优越感的追求时，他们会采取更恶劣的行为，那就是违法犯罪。他们越陷越深，最终走向犯罪的深渊。他们拉帮结派，偷窃他人财物，习得不良的性行为，他们误以为这样意味着自己就是个大人了。

错误的第一步已经迈出，他们开始寻找更多的方式来获得优越感。在行为被发现之前，他们都沾沾自喜，自以为自己的不良行为非常巧妙，无迹可寻。这也是儿童不愿意停止犯罪的原因。他们在犯罪的道路上越走越远，因为他们相信自己无法在其他事情上取得成功。他们不愿意做任何积极有益的活动。在同伴的刺激下，他们想获得更多的优越感，这促使他们做出新的反社会行为。有犯罪倾向的儿童同时也极端自负。**自负与进取心有着相同的根源，它迫使儿童用不同的方式凸显自己的与众不同，以此获得优越感**。一旦儿童不能通过积极有用的活动找到自我，他会通过消极的行为来证实自己的能力。

曾经有一个学生杀死教师的案例。通过对案例的深入研究，我们发现这个学生有着上述所有特征。教师觉得自己无所不知，深谙儿童的心理特点。这使得学生在小心翼翼的教育环境中长大，他逐渐对自己失去信心，变得灰心丧气。学校和学校以外的社会生活都无法满足他的优越感，他只能转向犯罪，以此摆脱学校教育的控制，因为社会还没有将犯罪特别是青少年犯罪视为需要进行心理纠正的教育问题，所谓的教育专家对此也无计可施，所以他不用再受他们的摆布。

熟悉教育行业的人都会注意到一个奇怪的现象：不少教师、牧师、医生和律师家庭的孩子比较容易出现问题。无论专业地位一般还是专业地位较高的教育者都是如此。人们平时很重视教育者的专业意见。尽管他们在专业上很权威，但他们家庭中的安定有序却难以实现。对此我们可以这样理解：**在教育者的家庭里，儿童的重要观点要么被完全忽略，要么得不到理解，部分原因在于严厉的规定**。身为教育者的家长制定了这些规定，他自认为很权威并迫使家庭成员遵守这些规定。他对孩子过于严厉，导致儿童无法发展独立性，实际上他经常剥夺儿童的独立性。这激起了孩子的反感，奋起反抗和报复家长的压迫。父母的打骂使这种反感情绪深植于他们的脑海。家长刻意的教育会使他们时刻关注儿童的行为，这在一定程度上是种优势。但对于自己的孩子来说，刻意教育的后果使孩子总想成为他人关注的焦点。**他把自己看成一件陈列的试验品，父母是他的负责人，照顾他的饮食起居，解决他的各种困难。而他只管展现自己，不用负任何责任。**

第4章

最卓越的教育：培养儿童的社会情感

帮助儿童建立社会情感

众所周知，每个孩子有追求卓越的渴望。而家长和教育者需要将孩子的这种追求引导到积极和有价值的方向上来，并确保他们获得心理的健康和幸福，而不是心理问题。

怎样才能实现这一目标？如何区分追求的方向是积极的还是无益的？其标准为个体的行为是否符合社会利益。历史上人们公认有成就和有价值的事件几乎都与社会有关联。想想那些伟大、崇高和有价值的壮举，我们可以看到这些壮举不仅体现了个人价值，也体现了一定的社会价值。**因而，科学合理的教育任务是帮助儿童习得社会意识和集体意识。缺乏社会情感的儿童追求卓越的方向偏离了社会价值，容易成为问题儿童**。

社会价值的标准到底是什么，人们意见不一。但有一点是明确的：我们可以根据树木所结的果实判断一棵树长得好不好，我们也可以根据行为的结果来判断行为是否具有社会价值。这意味着我们需要把时间和效果考虑在内。个体行为要符合现实逻辑，顺应社会要求，这是事物价值的普遍标准。个体的行为是否符合这一标准，结果早晚会水落石出。幸运的是，我们在日常生活中不需要时时进行复杂的价值判断。至于社会变迁、政治变革等难以预测结果的事件，其历史社会价值有待时间的检验。

但对于个体而言，我们可以根据行为的结果判断其社会价值如何。从科学的角度来看，除了绝对真理和逻辑严密的生活问题，我们不能简单地判断事情的是非曲直和价值。逻辑严密的生活问题与数学问题一样有明确的答案，尽管我们并不一定能把答案解出来。对于有明确答案的问题，我们要根据资料不断对问题进行检验后才知道答案是否正确。遗憾的是，有时检验答案的机会来得太晚，以至于我们失去了改正错误的有利时机。

个体要逻辑客观地看待自己的生活，才能认识到自己行为模式的连贯性和一致性。当问题出现时，他们会很惊慌，只想着自己选错了方式而不去解决问题。即使最初的方式是正确的，遇到问题后他们也会马上选择其他方式。但是当儿童偏离了正确的方向，他们就无法从问题中吸取积极的经验，他们就不会明白问题存在的意义。所以我们有必要教会孩子了解人格的统一性，了解生活的整体连贯性。**生活事件如同串在一根线上的珠子，彼此关联。生活并不是由一系列无关的事件堆砌而成**。我们不能把事件从整体生活中抽取出来单独进行讨论，我们必须联系过去的事件对它进行解释。当儿童了解这一点后，他就会明白为什么自己会误入歧途了。

追求卓越的错误方向一：懒惰行为

在进一步讨论追求卓越的正确方向和错误方向之前，我们先讨论一下懒惰。这种行为貌似与个体心理学的基本理论相矛盾，不符合追求卓越的观点。我们已经介绍过，个体心理学认为所有儿童都天生具有追求卓越的内部动机。而人们总是指责懒惰的儿童不追求卓越，没有上进心。但如果深入研究，会发现事实并非如此。懒惰的儿童因懒惰所得到的好处可不少。他不用承受他人的期待，即使没什么成就，人们也觉得很正常。他不愿意努力，所以总是漫不经心，非常懒散。但他的懒惰反而吸引了很多关注，因为父母需要时刻对他进行监督。多少孩子千方百计想要获得别人关注，这样我们就明白为何有孩子通过懒惰赢得关注了。

然而，这对懒惰心理的解释还不够完整。孩子之所以采取懒惰的态度，是因为可以缓解目前的困境。他们以此为自己的能力不足和缺乏成就找借口。很少有人指责儿童没有能力，相反家长们往往会说：“如果他不这么懒的话，有什么是他做不了的？”儿童误以为自己不懒惰就真的可以做任何事情，他为此沾沾自喜。这种说法对于缺乏自信的儿童来说是一剂安慰剂。这是一种变相的表扬，这句话对于儿童和成人来说都相当受用。“如果我不懒的话，有什么我干不了？”这种带有欺骗性的“如果”句式，平复了他们的失败感。有时他们确实取得了一些微不足道的成就，但他们会觉得意义非凡，而且因为他们之前一事无成，大人也很看重这些小成就，并对此大加赞赏。但其他表现更加积极和优秀的孩子并没有得到这么高的认可。

由此可见，懒惰行为隐藏着一种不为人知的手腕。懒惰的儿童就像在走钢丝，因为钢丝下面支着安全网，所以即使他们从钢丝上掉下来也毫发无损。他们受到的批评要比其他孩子温和得多，他们的自尊心受到的伤害也更少。被评价为“懒惰”要比被评价为“缺乏能力”杀伤力弱一些。**简而言之，懒惰为缺乏自信的儿童筑起一道屏障，也成了他们逃避问题的借口**。

当前的教育方式正好满足懒惰儿童的想法。他们受到的责骂越多，就越能满足他们获得关注的愿望。因为对他的懒惰不放心，父母会时时监督他，别人只顾责骂他的懒惰而忽视了他的能力问题，这正合他意。惩罚的作用跟责骂相似，儿童成功吸引了大人的关注，而且使别人的注意力从能力问题转移到懒惰问题上来。如果教师期待惩罚可以改善儿童的行为，那他们只会失望 。再严厉的惩罚也不能使懒惰的孩子变勤奋。

如果个体行为发生了改变，这可能是因为环境发生了改变。例如儿童获得了前所未有的好成绩是因为新来的教师没那么严厉，会尽量理解他，与他真诚交谈，并给他带来新的勇气，而不是打击他所剩无几的信心。在外界因素的影响下，个体可能突然由懒惰变为积极。**所以有些儿童在入学第一年非常消极，但是换了一个新环境后变得非常勤奋，这是因为外在环境改变了**。

有些儿童没有采取懒惰的方式，而是通过装病来逃避学业任务。有些儿童在考试的时候精神高度紧张，因为他们觉得教师会因此多给他们一些关照。喜欢哭闹的孩子也有同样的心理，哭闹和精神紧张都是获得特权的手段。

追求卓越的错误方向二：口吃行为

有着口吃等缺陷的孩子也希望借自身缺陷获得额外的关注。经常接触幼儿的人会注意到，几乎所有的孩子在刚学会说话时都有轻微的口吃。语言发展的快慢受制于诸多因素，首要因素是儿童社会情感的强度。善于交际、有交往意识的儿童比逃避社交的儿童更容易学会说话。有些儿童根本没有说话的机会，例如被过度溺爱的儿童在说出自己的需求前，大人已经猜到并满足了他的愿望，而这种无微不至的体贴是聋哑儿童才需要的。如果儿童四五岁还不会说话，父母会担心他可能是个聋哑儿童；但听觉测验结果显示孩子的听力没有问题，这排除了聋哑的可能；进而观察发现儿童实际上生活在一个不需要语言的环境中。他可以毫不费力地得到任何东西，父母会把这些东西准备好递到他手里，所以他根本不需要开口说话，自然会比较晚才学会说话。

语言是儿童追求卓越及追求方向的体现，他必须用语言来取悦家人或者满足自己的日常需求。如果儿童无法做到以上两点，说明他的语言发展出现了困难。

儿童还容易出现其他方面的语言缺陷，例如发 r、k、s 等辅音比较困难，但这些语言缺陷都是可以矫正的。所以如果儿童成年后依然口吃、大舌头或者说话不清楚，我们要留意是否存在心理因素。

儿童长大后一般都不会口吃，只有一小部分儿童需要接受治疗。我们可以从下面这个13岁男孩的案例中了解他的治疗过程。男孩从6岁开始接受医生的治疗，治疗持续了一年但是没有效果。接着治疗停滞一年。第三年又有另一位医生为他治疗，症状依然没有改善。第四年没有接受任何治疗。第五年的前两个月，他被托付给一位纠正语言的医生，结果情况非但没有好转，反而更加恶化。后来，他被送到一家专门治疗语言缺陷的机构，治疗持续了两个月，效果还不错，但6个月后他的病情又复发了。

接下来的8个月，男孩被交到另一位纠正语言的医生手里，这次依然没有任何改善。后来又请了一位医生，治疗再次失败。在第二年的夏天里，他的情况有所改善，但在假期结束时，他又恢复了原来的说话方式。

上述大部分治疗方法是让男孩大声朗读、慢速说话和多练习。有人认为一定程度的兴奋可以暂时改善病情，但病情仍会复发。此外，男孩除了曾经从二楼摔下来导致脑震荡，他没有任何器质性缺陷。

一位教过男孩一年的教师觉得他是“一个有教养、勤奋的小伙子，容易脸红，有点急躁”。教师说，男孩学得最吃力的科目是法语和地理。考试时他会异常紧张。他特别喜欢体操等体育运动，也喜欢技术类的工作。他没有表现出任何领导者特征，与同学相处融洽，但时常和弟弟吵架。他的左手更灵活，右脸在一年前曾经发生面瘫。

在家庭环境方面，他的父亲是位商人，非常神经质而且经常因为男孩口吃对他进行严厉批评。尽管如此，男孩还是更怕他的母亲。家里有一位家庭教师管着他，因而他很少有机会离开家，他非常渴望自由。他觉得母亲不够公平，在他看来母亲更喜欢弟弟。

基于这些事实，我们可以给出这样的解释：只要男孩与人接触就会紧张，其表现是容易脸红，这和他的口吃有关。即使他喜欢的教师也无法缓解他的口吃，因为他的口吃已经成为一种机械化的动作，并内化为他的行为模式。

造成口吃的原因不是外界环境，而是口吃者感知环境的方式。他的急躁有着重要的心理意义。他其实并不是被动消极的孩子，他也渴望追求卓越。**急躁和其他软弱个性一样，是追求他人肯定和追求卓越的表现**。他只与弟弟吵架，这再次证明了他丧失了信心和勇气。考试前会特别紧张是因为他害怕失败，感觉自己不如别人。他的自卑感严重，因而他通过错误、消极的方式追求卓越。

因为家里的各种不愉快，男孩更乐意去学校上学。在家里，弟弟是家庭关注的焦点。男孩口吃的原因不可能是器质性伤害或者受到惊吓，而是因为他丧失了信心和勇气。弟弟的出现使得他的家庭排行发生了变化，让他从家庭焦点的位置上跌落，这对他产生了巨大的影响。

除了口吃，男孩还有一个严重的问题。他在8岁前一直遗尿（尿床），这一症状一般只出现在受尽宠爱后遭受“罢免”的孩子身上。尿床说明男孩在晚上也想吸引母亲的关注，他无法接受被冷落。

他的口吃是能够治愈的，我们需要鼓励和教育他学会独立，要他完成一些力所能及的任务，以重获自信。

儿童会借不良行为获得关注

关于口吃，我们还有很多没有交代的地方，例如口吃者在紧张时会出现很反常的表现，不少口吃者生气或者骂人时丝毫不口吃；而成年的口吃者在背诵或者谈恋爱时，交流也不出差错。这些事实表明影响口吃的因素在于他们与人的关系。特别在他们与别人相遇，需要与对方建立关系或者进行沟通时，他们就会感到紧张。

如果儿童学说话很顺利，人们很少觉察他在说话上取得的进步；但如果儿童在说话上遇到困难，家里的人会把其他事情放下，把注意力全部集中在口吃者的身上。因为受到过度的关注，他反而用力过猛，太想把话说好反而适得其反。他开始有意识地控制自己的表达，但说话正常的儿童不会这样。对于可以自动化输出的功能，如果我们加以刻意的控制，反而限制了功能的正常发挥。迈林克（Meyrink）写了一个童话故事——《蟾蜍的逃脱》（*The Flight of the Toad*），里面有个很好的例子。故事中的蟾蜍遇到了千足虫，蟾蜍马上开始赞美千足虫的神奇构造。蟾蜍问：“你能告诉我吗？这么多条腿你先迈哪一条？剩下的999条腿是按照什么顺序移动的？”这条千足虫开始认真思索，并观察自己的腿怎么移动。当它试图有意识地控制时，它感觉毫无头绪，一条腿都迈不动了。

虽然在生活中有意识的控制很重要，但试图对每种行为都进行有意识的控制则有百害而无一利。特别在创作舞台艺术作品时，表演者必须自动化输出舞台表演所需的身体动作，才会创作出成功的作品。

口吃严重影响了儿童的未来发展，即使有家长的同情和帮助，儿童在成长过程中也要面对口吃带来的诸多问题。尽管如此，仍有很多个体选择逃避，不努力想办法改善现状。口吃者和他们的父母都对未来没有信心。特别是口吃者自己，他满足于依赖别人，通过口吃这一缺陷获得关注和照顾，希望将缺陷转化为优势。

缺陷成为优势的例子经常出现，巴尔扎克的小说里就有例证。在他的故事里，两位商人都想在交易中得到更多的利益。当他们正在讨价还价的时候，有一位商人开始口吃。另一位商人意识到对方是在利用口吃赢得思考的时间。他迅速思考对策，开始假装耳聋，什么也听不见。口吃的商人竭尽全力让对方听见他说的话，逐渐落了下风。他们又变得势均力敌，重新建立了平衡。

我们应该善待口吃者，尽管他们将口吃作为一种手段，以此赢得时间或者让别人等待。我们应该鼓励口吃的儿童，温柔地对待他们。只有通过友善的启迪和鼓励，我们才能成功矫正他们的问题。

第5章

儿童都有不同程度的自卑感

自卑情结促使儿童产生不良行为

追求卓越与自卑感如影随形，密不可分。追求卓越是因为个体存在自卑感，希望通过获得成就以消除自卑感。正常的自卑感对心理的影响并不大，除非自卑感严重到阻碍了个体对卓越的追求，或者生理缺陷加深了个体的自卑感，并到了难以忍受的地步。**难以忍受的自卑会形成自卑情结，这是一种不正常的自卑感，它使个体希望通过轻松的捷径对自卑进行补偿，只追求表面的满足感，过分夸大困难以及削弱对抗困难的勇气，从而阻碍了通往成功之路。**

结合这一点，让我们再回到之前有口吃的13岁男孩的案例。正如我们所见，他的灰心丧气是导致口吃的部分原因，口吃反过来加剧了他的灰心丧气。这种有点神经质的自卑情结带来上述的恶性循环。男孩想隐藏自己，他放弃了希望甚至考虑过自杀。而口吃已经成为他表达生活和延续生命的固有方式。口吃使他给人留下深刻印象，使他成为人们关注的焦点，这缓解了他的心理压力。

男孩给自己设置了一个过高的错误目标，他想成为世界上有价值的人，成为一个大人物。他想获得人们的赞赏，因而他的脾气很好，与人相处融洽，事情也做得井井有条。最重要的是，他为失败找了一个理由，那就是他的口吃。这个男孩的案例之所以值得我们关注，是因为他大部分的生活导向都是积极有益的，只是在某个方面，他的判断和勇气出了问题。

如果儿童不相信凭借自己的能力可以获得成功，这些灰心丧气的儿童就会借助其他手段获得所谓成功，而口吃只是诸多手段之一。这些抵御挫折的手段就好比大自然赐予动物们用来保护自己的爪子和角。不难看出儿童为何会采取这样的手段：没有爪子和角这样的外部保护，弱小的儿童为自己应对生活的能力感到绝望，他只能通过其他方式来保护自己。值得注意的是，儿童会采取怎样的手段作为自我保护的利器？有些孩子唯一的利器是大小便失控，这表明他们希望仍像婴儿一样，不用做事，也没有痛苦。他们的肠胃或者膀胱没有生理问题，他们只是通过这些小把戏来获得父母或教育者的同情和关心，虽然这样的小把戏会招致同伴的嘲笑。这种行为不是一种疾病，而是自卑情结的表现或者追求卓越的错误方式。

口吃的形成可能与生理因素关系不大。有较长一段时间，男孩是家里的独生子，妈妈只围着他转。当他慢慢长大，他可能觉得自己受到的关注不够多，经过摸索，他发现可以通过口吃这一新的把戏吸引人们的关注。口吃还有另一个重要的作用：男孩发现他说话时，人们会盯着他的嘴巴看，也就是他可以通过口吃占据父母更多的时间和关注，这些时间和关注本来是属于弟弟的。

在学校也一样，他发现教师在他身上花的时间比较多。如此一来，无论在家里还是在学校，他都可以通过口吃获得额外的关注。像好学生一样备受关注是他的愿望，他确实做到了。当然，他在学业上的表现也不错，只是通过口吃得到关注更加容易。

尽管男孩通过口吃获得了教师的优待，但这当然不是值得推荐的好方法。如果男孩没有得到预想中的关注，他会比其他孩子更容易受到伤害。随着弟弟的出生和家庭排行的改变，男孩需要通过这种方式来保住父母对他的关注，这实在令人感伤。与普通孩子不同，他没有发展出对其他事物的兴趣。在家庭环境中，他唯一感兴趣和唯一重要的人是妈妈。

言语羞辱和奚落只会使儿童更加怯懦

在我们对这类儿童进行治疗时，我们要鼓励他们，帮助他们重建信心。用共情而不是严厉的方式对待他们，与他们建立友好的关系。除此之外，我们要在良好关系的基础上鼓励儿童获得持续的进步。要做到这一点，我们要使他们学会独立，设法让他达到对自己身心力量充满自信的高度，相信自己可以通过勤奋、坚持、练习和勇气获得一定成就。**家长或教育者最严重的错误就是对误入歧途的儿童恶言相向，咒骂他们没有前途。这种愚蠢的断言会使状况越发糟糕，只会使孩子更加怯懦**。反其道而行之，我们应该用乐观的态度激励儿童。如维吉尔（Virgil）所言："他们能做到，因为他们相信自己能做到。"

永远不要相信通过羞辱或者奚落能改善儿童的行为。虽然有些害怕被嘲笑的孩子行为似乎发生了改变，其实不然。我们用以下的例子说明用嘲笑来刺激儿童改变很不合适。有位男孩因为不会游泳经常被朋友嘲笑。他羞怒难忍，从跳板上跃进了深水中。人们几经周折才把他从水里救出来，他差点因为这一冲动的行为丧命。怯懦的人为了挽回面子，会通过一些行为显示自己的勇敢，但往往事与愿违。正如例子中的男孩 一样，这一行为恰恰体现了男孩内心深处的怯懦。男孩真正害怕的事情是承认自己不会游泳，这样他会失去在朋友心目中的地位。尽管他跳入水中，但是他的怯懦没有消除，反而进一步加强了他不敢面对现实的怯懦心理。

怯懦心理容易破坏人与人的关系。**一个过于担心自己言行的儿童无暇考虑别人，他甚至会牺牲他人的利益来获得声望。因而怯懦会带来自私和好斗的态度，但这种态度不足以消除个体对他人评价的恐惧，只是削弱了个体的社会情感**。怯懦的人总是害怕被别人批评，害怕得不到重视，或者害怕受到羞辱，因而他总是受别人意见的支配。他生活在敌意之中，逐渐形成怀疑、嫉妒和自私等性格特征。

这类儿童常常变得挑剔、唠叨，他们极少称赞别人的优点，当别人受到表扬时，他们心里会愤愤不平。**如果个体超越别人的方式是贬低别人而不是成就自己，这就体现了个体的怯懦**。如果我们发现上述症状，那么帮助儿童消除敌意就是我们不可避免的教育任务。但如果我们没有发现这些症状，就无法帮助儿童改变由此产生的不良性格特征。引导孩子改变不良性格特征的方法有：帮助他适应环境和生活，指出他的问题，帮助他认识到自己希望不通过努力就能获得良好评价是错误的想法。我们一定要加强儿童之间的友谊，告诫儿童不要因为别人成绩不好或者做错事情就轻视别人，导致别人产生自卑情结，丧失对生活的勇气。

对生活失去信心的儿童容易从现实中退缩，会通过消极无用的方式建立追求卓越的补偿机制。教育者的主要任务和神圣职责是确保孩子在学校中不会感到灰心，以及帮助入学前就已经灰心丧气的孩子重获自信。这是教育者的天职，因为只有教育出来的孩子对未来充满信心和快乐，教育才有意义和效果。

有进取心的孩子容易出现暂时性的灰心丧气。他们平时可能表现一直不错，但在完成学业以及面临职业选择之际，他们有时会丧失希望。有些有进取心的儿童因为没有取得好成绩也会暂时放弃努力。这种突然的转变其实不知不觉酝酿已久，转变发生后，儿童可能会不知所措，也可能会焦虑不安。如果他们的灰心丧气没有被及时发现并得到及时矫正，这样的孩子会养成做事有始无终的习惯，成年后会频繁换工作，他们从来不相信事情会有好结局，总是害怕遭遇失败。

儿童的自我评价极为重要。但通过询问很难了解儿童对自己的真正想法。无论我们如何巧妙地询问，我们接收到的答案都是不确定和模糊的。有些孩子会说自己相当不错，有些孩子会说自己一无是处。如果我们对后者进行研究会发现，在他们所处的环境中，大人对他们说了无数次“你真是一无是处”或“蠢货”等消极话语。很少有儿童听到如此严厉的指责而不受伤害，为此有些儿童通过低估自己的能力来维护自尊和进行自我保护。

既然单靠询问不能了解儿童对自己的判断，那我们可以进行观察。例如在面对困难时，他们是自信坚决，还是犹豫不决，后者是缺乏自信的表现。这类儿童往往一开始勇往直前，但接近任务时，他慢下了脚步，踌躇不前。最后离任务还有一段距离的时候，他彻底停下了脚步。有时人们认为这样的孩子是懒惰的，有时觉得他们心不在焉。这两种表现描述不一样，但是本质一样。他们没有像别人一样面对和克服问题，他们总是盯着那些障碍，觉得障碍不可逾越。有时他们成功地骗过大人，使得大人误以为他确实缺乏能力。如果结合个体心理学的基本原理对整个过程进行分析，我们会发现个体所有的问题都源自自信的缺失，他们对自己评价过低。

自卑外露或过度追求卓越的表现形式

追求卓越的错误方向的特征很明显——完全以自我为中心，这样的个体在社会上是个异类，不为社会所接纳。不少儿童为了过度追求卓越，完全不考虑他人。他们充满敌意、违反法律、自私贪婪，总是利用别人的隐私去伤害别人。

但即使儿童的行为恶劣至极，他们身上仍有明显的人类天性及人类情感。尽管他们的行为方式越来越缺乏合作意识，缺乏社会情感，但他们的自我和外界环境仍存在某种关联，并通过某种方式表现出来。例如，个体的自卑感有很多表达方式。首先是眼神，眼睛不仅是感知光线、探测环境的器官，还是人际沟通的桥梁。个体注视他人的方式表明了他是否喜欢与他人产生联系，因而心理学家和作家都专注于研究人类的眼神。通过别人的眼神，我们可以判断他对我们的态度。尽管时有差错，但是根据儿童的眼神判断他是否友好还是比较简单的。

众所周知，不敢正面直视成人的儿童肯定心存疑虑。他们不一定是因为心虚，也不一定是品行不端的儿童。不敢直视可能只是因为他们试图逃避与他人接触，哪怕接触的时间很短，这说明他们试图逃避与同伴交往。当你招呼一个孩子过来时，他与你保持的距离同样也显示了他的疑虑。一般孩子都保持一定距离，弄清楚状况，在有必要时才会靠近。因为曾经有过不愉快的体验，他们总结出片面的个人经验并加以应用，且从此不敢轻易与人亲密接触。有意思的是，有些儿童喜欢倚靠在妈妈或者教师的身上。**身体比语言更诚实，儿童嘴上说喜欢并不一定反映他的内心，只有他们愿意用身体靠近的人才真正重要**。

有些儿童通过走路的方式、挺直的腰杆、昂起的头部、坚定的声音和毫不胆怯来展示自己十足的信心；而有些儿童和别人说话时唯唯诺诺、胆怯退缩，这透露了他们的自卑感，他们害怕自己无法应付当时的场面。

不少人认为自卑情结是天生的，其实不然。例如，无论胆子多大的孩子，我们都有办法让他变得胆小怕事，进而形成自卑情结。胆小羞怯的父母可能会养育出胆小羞怯的儿童，但这不是因为遗传而是因为环境：儿童在充满害怕和恐惧的氛围中成长才导致他们形成胆小怯懦的特点。对儿童的发展来说，家庭氛围及父母性格最重要。在学校中独来独往的儿童通常来自很少与人交往的家庭。由此人们很容易联想到遗传的影响，其实不然，个体缺乏与人接触的能力并非天生。胆小怯懦的父母也不一定会养育出有相同特质的孩子，我们以此为例只是为了更好地理解这种特质是如何产生的。

以下这个简单的例子可以更好地从理论上理解这个现象。有个孩子天生体质不好，他病了很长一段时间，因为病痛和体质弱受尽苦头。这样的儿童非常关注自我，觉得世界充满冷酷和敌意。这个孱弱的孩子必须依赖别人，他的生活才能轻松一些。因为身体的原因，他得到了无微不至的照顾和保护，这反而使儿童发展出强烈的自卑感。**因为儿童与成人的体型和力量对比悬殊，所有的儿童都会由此产生自卑感**。如果大人经常命令儿童“大人说话，小孩别插嘴”，对儿童的意见视而不见、听而不闻，儿童因自己的弱小而自卑的感觉很容易得到强化。

这些印象加深了儿童认为自己处于弱势的想法。他认为自己比别人弱小、缺乏力量，但他难以接受这种想法。他越在意就越想努力让自己变得强大。这给他注入了动力，努力追求别人的认可。但他没有选择与周围人和谐相处的方式，而是选择了“只为自己着想”，变成了一个独来独往的孤僻孩子。

一般来说，孱弱、残疾或者样貌丑陋的儿童都有强烈的自卑感，这种自卑感表现为两个极端：他们与别人交谈时要么胆小退缩，要么咄咄逼人。这两种极端表现看似截然不同，实际上根源相同。无论胆小退缩还是咄咄逼人，个体都是为了得到别人的认可。他们缺乏社会情感，因为他们对生活没有期待，认为自己什么也做不了；或者他们的社会情感只为个人目的服务，他们渴望成为领袖或者英雄，备受万人瞩目。

教育的天职：不要让儿童丧失勇气

如果儿童不断重复自己错误的行为模式，我们很难在短期内纠正他的行为，所以教育者一定要有耐心。如果儿童试图改进自己的行为但情况有所反复，可取的做法是向儿童解释改变需要时间。这样可以安抚儿童，不让他丧失信心和勇气。例如，孩子两年来数学都不好，他不可能在两周内就把成绩提上去。但毫无疑问，经过一段时间，他有可能把成绩慢慢地提上去。一个充满信心的孩子有能力改善任何不足。众多案例证明，儿童的能力不足是因为成长方向出现了偏差，从而导致个体的整体人格逐渐扭曲、不够灵活。只要问题儿童的智力没有问题，他们的行为都有被纠正的可能。

能力不足或者看起来迟钝、笨拙和冷漠都不能充分证明儿童智力低下，一定要有大脑发育不良的生理指标才能证明儿童智力低下。有些生理缺陷是因为腺体暂时影响了大脑的发展，这样的生理缺陷有时会慢慢消失，但这些早期生理缺陷会给个体带来深刻的心理影响。也就是说，最初体质较差的儿童即使后来身体变强壮，但他们的行为看起来依然比较虚弱。

我们可以对此继续深入讨论。造成个体自卑和以自我为中心的因素，不仅包括个体以前的身体缺陷和体质不好，还包括与生理因素无关的外界环境。**自卑和自我为中心等问题可能是由错误的养育方法或者缺乏关爱、严厉的教育方式造成的**。在这种情况下，生活对于儿童来说只有痛苦，儿童会以充满敌意的态度看待他的环境。这种环境影响与身体缺陷带来的心理问题不完全一样，但比较类似。

可以想象，治疗缺乏关爱的儿童有一定难度。他们会把我们等同于那些伤害过他们的人，对我们充满敌意。所有督促他们去学校的行为都被他们视为压迫。他们总是感觉行为受束缚，因而只要有机会就进行反抗。他们对同伴很难有正确的态度，因为他们嫉妒有着快乐童年的孩子。

这些心怀怨恨的儿童具有破坏性。他们缺乏战胜困难的勇气，所以他们对弱者进行压迫，以补偿自己的无力感。他们还会通过表面对人友好来获得优越感，但只有别人对他言听计从时，他才会继续保持友好。不少儿童甚至只与境遇更糟的孩子交朋友，某些成年人也是如此，他们很容易被遭遇不幸的人所吸引。这些儿童更喜欢比他们年幼、可怜的儿童。而这类男孩会特别喜欢温柔、顺从的女孩，但这种喜欢不是因为性方面的吸引，而是因为他们的自卑情结。

第6章

当自卑感走向自卑情结

从儿童的视角看待他们的处境

如果儿童花了很长的时间才学会正常走路，他不一定会发展出自卑情结。但尽管他在其他方面心理发展很正常，行动受限的经历依然会给他留下深刻的印象。他觉得自己的经历很不幸，进而产生悲观的想法。即使最初的身体缺陷和功能缺陷都消失了，这种悲观的想法仍会影响他未来发展的方向。有不少曾经得过佝偻病的儿童痊愈后仍然有些后遗症，如腿部弯曲、行动笨拙、肺黏膜炎、头部变形、脊柱弯曲、脚踝肿大、关节无力、姿势不正等。他们心理上的影响也仍然存在，生病期间的挫败感和消极观念并没有随之消失。看到同伴行动都很轻松，他们会为此深感自卑和压抑。他们对自己的评价很低，而且只会朝着以下两个方向发展：他们要么彻底失去信心，没有任何进步；要么在绝望中寻找希望，带着身体的残疾奋力追赶那些身体健全的同伴。由此可见，儿童的认知存在差异，他们不具备足够的智慧，还不能正确判断自己的处境。

决定儿童发展的既不是内在能力，也不是客观环境，而是他对客观现实的解释，以及他对自己与客观现实之间关系的解释，这一点很重要。儿童将来能给世界带来什么贡献不重要，成人对儿童的价值判断也不重要。至关重要的是我们能从儿童的角度看待他们的处境，设身处地用他的观点来对处境进行解释，这样我们才能理解儿童。儿童的行为并不一定符合逻辑，符合逻辑是大人看待问题的角度，儿童并不像成人一样具有常识和逻辑判断能力，因而我们要接纳儿童在解释自己处境时会存在偏差。实际上，正是因为儿童所犯的错误才体现了教育的意义和效果。但如果儿童的问题是与生俱来的，我们很难对他进行教育，也很难提高他的技能。因此，我们不能认为性格是先天决定的，否则我们将无法进行儿童教育，也不应该从事儿童教育。

从技能表现捕捉儿童的自卑感

健康的身体不一定有健康的心灵。有身体缺陷的儿童如果能勇敢地面对生活，那么患病的身体也可能拥有健康的心灵。另一方面，即使儿童的身体健康，但经过一系列不良的环境影响后，儿童对自己的能力有了错误的认知，那他也会产生不健康的心理。做过任务的失败后，儿童容易对自己产生能力不足的评价。他们对失败异常敏感，将任何挫败都视为自己缺乏能力的证明。

有运动障碍的儿童有时也伴随语言障碍。当然这两者没有实质性的关系，父母的养育方式和家庭环境却对这两方面有深远的影响。有些健康的儿童在学说话时缺乏家人的帮助，因此他们很久都不会说话。毫无疑问，听力没有问题且语言器官也没有缺陷的儿童都应该在适当的年龄学会说话。也有一些特殊情况，例如视觉非常灵敏的儿童说话时间会延迟。**另外，受到过度溺爱的孩子说话也比较晚，因为父母没有给孩子自**

我表达的机会，他们在孩子开口前已经替孩子把话说了出来。这样的孩子学说话的时间特别长，以至于人们怀疑他有听力障碍。这样的孩子一旦学会说话，他会非常乐于表达，甚至成为侃侃而谈的“演说家”。克拉拉·舒曼（Klara Schumann）是一位作曲家的妻子，她直到4岁才开口说话，甚至到8岁的时候才只会只言片语。她是个很古怪的孩子，非常沉默寡言，喜欢在厨房里放空自己、消磨时光。很明显，平时生活中没人会打扰她，人们给她足够的空间做自己的事。“非常奇怪，”她的父亲说，“这种严重的心理失调开启了她那美妙、和谐的人生。”这是一个过度补偿的例子。

聋哑儿童必须接受特殊的教育，因为无数事实证明儿童的听力不会完全丧失。无论儿童的听力障碍多严重，他尚存的听力都应该得到最大程度的开发和保护。卡茨（Katz）教授已经证明，没有任何音乐天赋的儿童在经过训练之后能够获得鉴赏音乐和感受声音之美的能力。

在学校，有些儿童能够学好大部分课程，但有一门课学得很糟糕——通常这门课是数学。这使得儿童开始怀疑自己的能力。那些算术不好的儿童很可能被这一科目吓倒了，为此他们感到灰心丧气，不再愿意继续努力。在一些家庭，特别是艺术家庭中，他们的计算能力不强，他们习以为常甚至引以为傲。此外，有种常见的谬误认为男孩比女孩更加擅长数学。但事实并非如此，不少优秀的数学家及统计学专家就是女性。女学生经常听到“男孩比女孩数学好”的话，这种评论容易使她们对数学失去信心。

儿童是否能熟练运用数字相当重要。能给人带来安全感的学科为数不多，数学就是其中之一。这是一种思维操作，它可以通过数字将周围的无序感消除。一般缺乏安全感的个体计算都不太好。

其他学科也是如此。写作可以将个体内心的声音记录在纸上，使个体获得安全感；画画可以将稍纵即逝的视觉画面变成永恒；艺术体操和舞蹈更是如此，凭借对身体的绝对控制，个体获得了身体的安全感，也获得了心理上的安全感。这也许就是众多教育者大力推崇体育教育的原因。

儿童学习游泳比较困难是自卑感的显著表现。如果儿童学习游泳比较顺利，这是一个很好的迹象，表明他也能顺利克服其他困难。如果儿童很难学会游泳，说明他对自己和指导他游泳的人都缺乏信心。值得注意的是，很多初学游泳有困难的儿童，后来成了出色的游泳者。他们对困难很敏感，非常渴望成功达到目标。在动力的驱使下，他们坚持不断努力，最终成为一流的游泳者。

儿童是特别依恋某个人还是对好几个人都感兴趣，了解这一点很重要。通常儿童对母亲的依恋最深，如果他没有与母亲建立依恋关系，他也会对家里的另一个人产生依恋。除了智力低下的个体，其他个体都有与他人建立依恋关系的能力。如果儿童由母亲抚养长大，但他却与家里的另一个成员建立了依恋关系，我们要了解其中的原因。当然，任何儿童都不应该把情感和关注只放在母亲身上，母亲的重要功能就是教会儿童将关心和关注转移到同伴身上。在儿童的发展中，祖父母也扮演了重要的角色——他们通常扮演溺爱的角色，原因是老人担心自己得不到别人的重视，所以他们想在孩子心里占有一席之地。他们有着强烈的自卑感，结果一部分老人变得唠叨挑剔、吹毛求疵，另外一部分老人变得心肠特别软、脾气特别好，为了得到儿童的欢心，他们从来不拒绝儿童的要求。每次儿童看望祖父母后，都不愿意回到自己的家，因为在祖父母那里他们受尽宠爱、予取予求，而回家后需要遵守各种规则。回家后，他们会抱怨自己家不如祖父母家舒服。我们在这里专门强调祖父母在儿童生活中扮演的角色，是想提醒教育者在对儿童进行研究时不要漏掉这一重要的因素。

关注儿童问题行为背后的意义

如果佝偻病儿童的运动障碍很长时间都没有任何改善，这通常表明儿童得到的照顾过多，已经被宠坏了。即使患病儿童需要特殊照顾，妈妈们也要有足够的教育智慧，不要扼杀儿童的独立性。

另一个重要的问题是关于儿童是否制造了太多麻烦。如果儿童确实制造了太多麻烦，可以肯定的是，他的妈妈与他的依恋关系太过紧密，她没有成功建立起孩子的自信。儿童通常在睡觉、起床、吃饭或者洗漱时制造麻烦，也会通过做噩梦或者遗尿（尿床）来制造麻烦。所有的症状都是为了引起某个人的注意。**症状一个接一个地出现，就如同儿童在寻觅一件又一件与成人战斗的武器，以此对家长进行控制**。毋庸置疑，当儿童出现这些症状时，他的外在环境肯定出了问题。此外，惩罚对他不起作用，这样的儿童通常通过一些小把戏进一步折磨父母，以此证明惩罚对他不管用。

还有一个特别重要的问题涉及儿童的智力发展。这个问题要借助测量工具才能回答，我们建议偶尔可以使用比奈测验（Binet tests），但比奈测验的结果并不是时时都可靠。其他智力测验也是如此，我们不能一试定终身，不能将测验分数当成永恒不变的结果并运用于儿童的整个人生。**一般来说，智力的发展很大程度上取决于家庭环境。良好的家庭环境有助于儿童发展，身体发展良好的儿童心理发展通常也相对较好。**不幸的是，儿童的未来早已因此被安排：心理成长更顺利的儿童拟从事“高质工作”或者更好的工作；而成长较慢的儿童则会被分配去做一些体力活。就我们观察到的情况而言，很多国家引入了新的服务体系，专门为智力发展迟缓的儿童提供特殊的课程，这一服务体系正在起效。这些智力发展迟缓的儿童大部分来自于贫困家庭，由此可见，如果能给贫困家庭的儿童提供更有利的成长环境，他们也能与良好家庭的幸运儿童相竞争，并且取得成功。

另一个值得关注的问题是：儿童是否被别人嘲笑过、是否为此感到消沉。有些儿童一时消沉后会恢复正常，有些则彻底丧失勇气，回避困难，尽管这些困难有助于他的成长。后面这类孩子开始关注外表，说明他们对自己开始缺乏信心。如果儿童经常与人吵架，担心自己如果不先占上风的话，别人就会伤害他，这表明儿童对周围充满了敌意。他们不听大人的话，因为他们认为顺从就要受支配。按照他们的观念，礼貌地回应别人的问候是件丢脸的事，因而他们回答问题时相当傲慢无礼。他们从来不抱怨，因为他们将别人的同情视为奇耻大辱。他们从来不在别人面前哭泣，反而在该哭的时候放声大笑，这貌似冷酷的行为正表明他们害怕暴露自己的脆弱。**冷酷、残忍的背后都隐藏着个体的脆弱，因为真正强大的人不会变得残忍**。这些违逆、不听话的儿童有很多恶习：不讲卫生、粗心大意、咬指甲、抠鼻子，而且非常固执。我们要鼓励他们，并让他们了解这些行为只是因为他们害怕暴露自己的懦弱。

还有一个问题是：儿童结交朋友是否容易？他对朋友是否友好？他是领导者还是追随者？这个问题主要关乎个体的人际交往能力，也就是关乎他的社会情感和自信程度，更与他习惯于顺从还是控制有关。当儿童与人隔绝，说明他没有足够的自信与人竞争。他追求卓越的想法非常强烈，以至于他害怕在人群中处于从属地位。

还有儿童对学校的态度。我们要留意儿童上学时是否拖沓迟到，是否情绪紧张（紧张常常是儿童不愿意上学的表现）。儿童对学校的恐惧有不同的表现方式。他们会因为作业变得易怒；当他们情绪紧张时会出现心悸的症状；某些特殊儿童还会出现生理器官的变化，例如性兴奋。学校的评分制度不值得推荐，如果我们取消评分制度，不再根据分数对儿童进行分类，儿童的负担会大大减轻。但学校的考试不断，迫使儿童拼命学习以获得高分，因为一旦得了低分，儿童可能会永久被贴上成绩不好的标签。

儿童乐意做作业吗？还是在别人的逼迫下做作业？忘记做作业表明个体有逃避责任的倾向。儿童功课不好或者做作业时很不耐烦，都是逃避上学的手段，因为他对别的事情更感兴趣。

儿童是否懒惰？当儿童没有完成学校作业时，他更愿意以懒惰而不是能力不足作为理由。因为懒惰的儿童完成任务时，人们会表扬他：

“如果他不那么懒的话，他能做好多事情。”儿童对这一说法非常满意，因为人们变相地肯定了他的能力，从此他再也不用证明自己的能力了。这种类型的孩子还有很多缺点：缺乏勇气，难以集中精神，总是依赖别人。那些缺乏纪律意识、扰乱课堂秩序、哗众取宠的孩子也属于这个类型。

我们很难了解儿童对教师的态度，因为儿童经常掩饰他们对教师的真实情感。如果儿童不断批评以及羞辱同学，这种刻意贬低他人的行为其实是缺乏自信的表现。他们很自大、挑剔、自以为是，以此掩盖自己的弱点。

最难对付的是那些冷漠、缺乏兴趣、消极的儿童。他们给自己戴上了面具，实际上他们的内心并不真的如此冷漠。一旦他们被逼得失去控制，他们通常的反应是突然大发雷霆或者试图自杀。他们从来不主动做事，除非别人要求或者命令他们去做。他们害怕挫折，觉得别人的能力都比自己强，我们要多鼓励这样的儿童。

有些儿童在体育运动中锐意进取、野心勃勃，其实他们也想在别的方面取得成绩，只不过因为害怕失败才将重心转移到体育运动上。我们要留意儿童喜欢的读物类型，是小说、童话故事、人物传记、游记还是客观的科学作品？青春期的儿童容易被色情书籍所吸引。不幸的是，每个大城市都有售卖这种印刷品的书店。性冲动的增加和对性经验的渴望将青少年的目光吸引到这些书籍上来。为了防止这些书籍的有害影响，我们应该采取以下措施：**帮助孩子为成年角色做好准备，在童年早期培养好孩子的性别意识，与孩子建立良好的亲子关系。**

还有一些问题涉及家庭情况，也就是家庭疾病史，例如家庭成员是否患有酒精中毒、神经症、肺结核、梅毒等疾病。全面了解儿童的病史很有必要。例如，经常用嘴呼吸的儿童脸型会发生改变，表情看起来比较呆傻，很可能是鼻息肉和扁桃体肥大导致了呼吸方法不正确。为此，手术切除多余的组织很重要，我们要帮助儿童树立对手术效果的信心，以此鼓励儿童勇敢面对学业问题。

家庭疾病会影响儿童的成长，父母长期患病会给孩子带来沉重的负担。神经症和精神障碍会使整个家庭感觉压抑，只要有可能，我们不应该让儿童知道家庭成员患有精神疾病。因为人们认为精神疾病可以遗传，另外精神疾病还会使整个家庭生活在阴霾之中。肺结核和癌症的很多案例有类似影响。所有疾病都会给儿童的心灵留下可怕的印象，因而有条件的话，最好将儿童带离这样的环境。如果有家庭成员存在慢性酒精中毒或者犯罪的倾向，这些问题就如同一剂剂毒药，儿童难以抵挡这些毒药的诱惑。然而，如果将儿童带离这样的家庭，如何妥善安置他们也存在各种困难。癫痫病人通常容易发怒，影响家庭生活的和睦。但最糟糕的是梅毒，患有梅毒的父母的孩子通常比较虚弱，一旦被遗传，他们会发现生活如此悲惨、艰辛，令人难以应对。

家庭的物质条件会影响儿童的人生观，这是不容忽视的事实。与优越的家庭环境相比，贫穷容易激起儿童的匮乏感。如果优越家庭的财务状况下降，儿童在失去习以为常的舒适生活后，很难适应新的生活。如果祖父母比父母富裕，儿童的紧张不安会更加突出。例如彼特·根特（Peter Ghent），他总是无法走出这样的困境：他的祖父成就卓越，而他的父亲一事无成。这类孩子会变得很勤奋，其实这是孩子在无声反抗父亲的无能。

如果儿童首次接触死亡的时刻过于突然，往往会给儿童带来巨大的冲击，并足以影响到儿童的整个人生。如果对死亡毫无准备的孩子突然面对死亡，他第一次意识到原来生命有尽头，这可能会使儿童彻底丧失勇气，或者至少变得非常胆小。在一些医生的人物传记中，我们经常可以读到某次与死亡的突然接触影响了他们对职业的选择，这证明儿童对死亡的意识对他产生了深远的影响。在这个问题上，我们建议不要加重儿童的心理负担，因为他们还不能完全理解死亡。例如，孤儿或者成为别人继子继女的儿童，经常将自己的不幸归咎于父母的离世。

了解家庭里谁说了算很重要。通常家里父亲最有话语权，如果家里的母亲或者继母占据支配地位，会产生一些不良的结果，父亲通常会失去孩子们的尊重。强势母亲养育的儿子通常对女人有难以摆脱的恐惧。成年后，他要么逃避女人，要么给家里的女人添堵，力求让她们心生不快。

我们要进一步了解父母的教养方式。个体心理学家认为过于严厉或者过于温和的教养方式都不适合。理解儿童、避免错误的教育方式、不断鼓励儿童面对和解决自己的问题以及帮助儿童发展社会情感才是正确的方法。喜欢挑剔孩子的父母会伤害孩子，因为他们的挑剔完全剥夺了孩子的勇气和信心。溺爱的教育方式使儿童总想依赖别人而不能独立处事。父母不要美化现实，也不要用悲观的语言描述现实。父母的职责是尽可能帮助儿童为将来的生活做好准备，这样儿童才能学会自我照顾。没学会如何面对困难的儿童只会逃避，从而使自己的活动范围越来越窄。

我们要了解谁是孩子的照料者。母亲不必时时陪在孩子身边，但她必须找一个自己熟悉的人来照顾孩子。教育儿童最好的方法是让他在实践中学习，在情理中做事，使儿童的行为遵循逻辑事实，而不是他人的种种限制。

还有一个问题是儿童在家庭中的排行，这对儿童的人格发展意义重大。我们要特别注意独生子女、家里最小的孩子、只有姐妹没有兄弟的男孩，或者只有兄弟没有姐妹的女孩这些值得关注的特殊情况。

职业选择也是一个很重要的问题，因为它揭示了环境的影响作用、儿童的自信程度、社会情感的强度以及儿童的生活节奏。白日梦及早期的童年记忆也同样重要。早期的童年记忆可以反映儿童的整体生活方式。梦是儿童努力方向的象征，显示儿童试图解决问题还是试图回避问题。我们还要了解儿童是否存在语言缺陷，以及他的样貌是否难看、身材是否走形。

儿童是否公开谈论自己的情况？有些儿童习惯吹嘘，将此作为自卑感的补偿；另一些儿童拒绝谈论自己的情况，害怕自己会被利用，或者害怕暴露弱点后自己会受到新的伤害。

如果儿童在画画或音乐等科目上取得成功，我们一定要在此基础上对他进行鼓励，提高他对其他科目的兴趣。

如果儿童到了15岁还不知道自己将来想成为什么样的人，我们可以认为他们彻底失去了勇气和信心，应该得到相应的帮助和治疗。我们还要考虑家庭成员的职业及兄弟姐妹的社会地位差异。父母婚姻的不幸会影响儿童的整体发展。教师有责任谨慎行事，根据问卷上获得的信息正确了解儿童及其外在环境，合理安排治疗方案，努力改善儿童的行为。

第7章

培养具有社会情感的儿童

儿童都有与他人建立联系的社会情感

我们在前几章讨论了追求卓越的案例，与之形成对比，我们发现儿童和成人都有一种与他人产生联系的倾向，他们乐意与别人一起合作完成任务，然后让自己成为对社会有用的人。这样的表现用社会情感一词来描述再合适不过了。这种情感的根源是什么？这是一个有争议的问题。但是根据已有的发现，社会情感的根源与人的概念密不可分。

人们可能会问，社会情感和追求卓越哪个受先天因素影响更多？两者实际上有着相同的核心，追求卓越和社会情感都是基于人类天性。它们都表达了个体对获得肯定的渴望，但表现形式不同，这是因为人们对人性本来就持有不同的假设。**个人追求卓越隐含的人性假设是：个人可以离开群体行事。而社会情感隐含的假设是：个人在一定程度上依赖于群体**。从人性观的角度出发，毫无疑问社会情感要优于个人追求。前者代表了一种更合理和逻辑性更强的观点，而后者只是一种比较表面和肤浅的观点，但后者是个体生活中更常见的心理现象。

如果我们想知道为何社会情感更具有合理性和逻辑性，我们只需要考察一下人类的历史：人类从古到今都是以群居的形式生活。当我们进一步探究，这一点并不难理解。靠自己的力量，生物很难单独生存，他们无法保护自己。为了自我保护，他们只能和其他同类生活在一起。如果将同为动物物种的人类和狮子做比较，我们就会明白人类非常缺乏安全感。因为大多动物的体型都比人类大得多，而且大自然赋予它们很多攻击和防御的能力。达尔文观察到，那些被大自然忽略、防御能力不够强的动物只能成群结队行动。例如，有着庞大身躯和强大力量的猩猩会单独和配偶居住，而身躯较小、力量较弱的猩猩总是和大部队待在一起。**正如达尔文所说，如果大自然忽略了某个物种，没有赋予它们单独行动的防御装备，例如爪子、尖牙、翅膀等，为了弥补这一缺陷，他们就会形成群体一起生活以抵御外界伤害。**

群体的形成不仅可以弥补个体能力的不足，还可以使他们发现保护自己、改善环境的新方法。例如，在猴子的群体中，它们知道如何派出先遣侦察兵去了解敌情。通过这种方式，他们不仅可以弥补群体成员的弱势，还可以发挥群体的优势力量。同样，共同行动的牛群可以成功击退比自己强大很多的单个敌人。

动物社会学家对这一问题进行了研究，他们认为在这些动物群体中存在着不成文的规则，大家都按照规则行事。猴群中被派出去的先遣侦察兵要遵循既定的规则，稍有差池就会招致群体的惩罚。

有意思的是，很多历史学家认为人类最早的规则是为了束缚部落的保护者。假如真的是这样，我们可以推断集体观念的产生源自于弱小生命缺乏自我保护能力。在某种意义上说，社会情感源自个体的不够强大，这两者密不可分。因而对于人类来说，**培养社会情感的最佳阶段应该是婴儿期以及其他儿童期，因为这一阶段的儿童最弱小、最无助，发展也比较缓慢**。

在刚刚降生的那一刻，没有哪种动物比人类更无助，人类的新生儿是彻彻底底的无助，毫无生存能力。此外，人类达到成熟所需的时间最长。时间长不是因为儿童的学习内容和数量，而是因为儿童的发展方式。儿童需要父母更长时间的保护是因为人类的生物特性。如果儿童没有获得足够的照顾，人类早已灭绝。儿童在生理上不够强大，这促成了教育和社会情感的结合，我们要通过教育使儿童习得社会情感，依赖社会群体来克服自己的不成熟。

我们必须在教育规则和教育方法中融入社会生活和社会适应的观念。无论我们是否意识到，我们总是对那些从社会观点看起来“好”的东西感觉更好，对那些给社会带来不利和危害的行为感觉不好。

如果我们认为某些教育方法存在错误，往往是因为我们认为它们会给社会带来危害。人类所有伟大的成就和能力的发展都与社会生活息息相关，它们的发展方向离不开社会情感的引领。

社会情感直接影响儿童的语言和逻辑能力

以语言为例，独立生活的人不需要语言。毋庸置疑，人类的语言得以发展，是因为人类需要社会生活。语言是人与人之间的纽带，也是人们共同生活的产物。只有从社会的概念出发，我们才能了解语言的心理过程。独居的人对说话不感兴趣，如果儿童没有广泛接触社会，在孤独中长大，他说话的能力肯定会受到影响。只有个体与他人产生联系，才能获得人们称之为天赋的语言能力。

人们普遍认为表达能力好的儿童是因为有语言天赋，其实不然。沟通困难的儿童社会情感强度往往都不高。用较长时间才学会说话的儿童往往受到了过度的溺爱，他们被照顾得妥妥帖帖，不需要开口，大人已经知晓他们所有的要求。他们因此失去了与人沟通交流的机会，缺乏社会适应能力。

有些儿童不愿意说话是因为父母从来不让他们把话说完，也不给他们回答问题的机会。还有些儿童不愿意说话是因为曾经被别人嘲笑或讥讽，内心产生了挫败感。不断纠正和挑剔儿童的说话似乎是儿童教育中很常见的错误做法。这使得儿童长年背负着挫败和自卑的感觉，令人悲叹。我们留心观察的话，可以注意到他们开口第一句总是这样刻板的开场白："我来说几句，不过请大家不要笑话我！"这种话我们经常听到，这类人往往在儿童时期遭受过嘲笑。

有些父母是聋哑人的儿童听和说的能力都很正常。不过当受到伤害时，他总是无声地哭泣。因为这样可以让父母看到自己受了伤，但是哭出声音或者跟父母倾诉却没有用。父母的听力障碍使得他习得了无声的哭泣。

人类的理解和逻辑思维等其他能力离开了社会情感就难以有所发展。完全独居的人不需要用到逻辑思维，在这种情况下，他的逻辑思维能力需求跟动物差不多。换言之，**与社会保持密切联系的人在交往中必然离不开语言、逻辑和常识，从而获得社会情感并使其得以发展，这是所有逻辑思维的最终目标**。

有时候人们的行为看起来愚蠢至极，但实际上他们是为了实现自己的个人目标，因而他们相当聪明。他们误以为别人的想法是如此，这充分说明社会情感或者常识会严重影响判断。如果社会生活简单一点，没有给个体带来这么多错综复杂的问题，那么个体根本不需要掌握常识。可以想象，有些原始人类之所以一直保持原始状态，是因为原始的生存状态没有刺激他们发展更深的思考。

社会情感在人类语言能力和逻辑思维能力中起着至关重要的作用，这两种能力几乎可以用“神圣”来形容。如果人人都缺乏社会情感，对自己所在的社会不管不顾，只想着怎么达到自己的目的和解决自己的问题，那天下肯定大乱。

社会情感可以使每个个体都产生安全感，也可以使他获得生活上的支持。社会情感与信心不完全相同，信心源自逻辑思维和绝对真理，但社会情感是信心的重要组成部分。举例说明：人们对数据运算的结果比较信服，甚至认为可以用数字进行说明的内容才更精确。原因是用数据进行交流比较容易，同时在大脑里对数字进行操作也相对简单。而难以表述清楚的真理很难让人信服。

柏拉图曾经想用数字来建构所有的哲学思想，毫无疑问，他也认为数字说话更有说服力。他希望哲学家都回到“洞穴”中去，也就是希望他们能够参与人类的生活。由此可见，逻辑思维和社会情感的联系非常紧密。柏拉图认为，如果缺乏源自社会情感的安全感，即使是哲学家也无法正确地生活。

当缺乏安全感的儿童需要与人接触或者不得不独立完成某项任务时，我们就可以发现他们在安全感上的欠缺。特别在面对数学等需要客观和逻辑思维的科目时，他们安全感的缺乏会暴露无遗。

人类在儿童时期建立的概念（如道德情感、伦理等）一般都是片面的。对于离群索居的人来说，谈论伦理道德毫无意义。只有我们在群体生活中顾及社会和他人的权利时，道德才会出现。很多人对于美感和艺术创作偏好，我们似乎难以证实这些概念具有社会特性。但即使在艺术领域，我们也能从艺术创作中感受到人们对健康、力量和社会价值的理解。就艺术而言，它的边界弹性比较大，个人品位也占据较大的空间。但总体而言，即使美学也要遵循社会路线。

衡量儿童的社会情感发展程度

如何确定儿童的社会情感发展程度？这是一个很实际的问题，我们需要考虑多种行为表现。例如，如果追求卓越的儿童只想着达到目标，完全不考虑其他人，我们可以肯定他们的社会情感要弱于那些顾及他人的儿童。在当今社会，大多数孩子都渴望实现个人目标，追求个人至上。但过于追求个人至上的儿童，社会情感往往得不到充分发展。

人类批评家、古往今来的道德家总是抱怨和批评人类自私的本性，批评人们过多考虑自己，不顾及他人。但如果人们以说教的方式表达以上观点，那对儿童和成人都没有任何教育效果，因为只是陈述这些普遍存在的理论毫无用处，人们反而会自我安慰：其他人和我一样，也好不到哪里去。

对于彻底迷失以致产生有害想法甚至犯罪倾向的儿童，道德说教对他们已经没有丝毫作用。在这种情况下，我们应该进行更为深入的调查，将儿童的不良行为连根拔起，消除不良行为的影响。换言之，我们必须放弃进行道德判断的判官角色，换上同伴或者医生的角色。

如果我们不断地提醒儿童他很坏或者他很笨，他会很快信以为真，从此再没有信心和勇气面对任何任务。显而易见，在没有信心的情况下，无论他做什么事情都会失败，他以为自己很笨的信念因此也更加根深蒂固。他不明白原来是外界评价摧毁了他的自信，他下意识地根据错误的判断来规划自己的生活，以此证明“我很笨”的错误判断是正确的。他觉得自己不如同伴能干，自己的能力和发展有限。由此可见，他已经多么灰心丧气。不良的外界环境给他带来了巨大的压力，他的沮丧程度与之成正比。

个体心理学试图证明，儿童所犯的每个错误都与环境有关。例如，东西放得乱七八糟的孩子背后有位把东西收拾得井井有条的家长；爱撒谎的孩子总是受到强势家长的管制，而他的家长企图通过严厉的手段改变孩子撒谎的行为。我们甚至可以从儿童的自夸行为中追寻到环境影响的痕迹。喜欢自吹自擂的儿童通常很重视表扬，不重视完成任务的过程，他追求卓越的方式就是不断引发家人对他的称赞。

出生顺序对儿童的人格塑造很关键

每个孩子被父母关注的程度不尽相同，他们都曾经受到父母的忽视或者误解。因而，家庭排行不同的孩子境遇各不相同。第一个出生的孩子曾经是家里的独生子，他的地位独一无二，后面出生的孩子没有这样的经历和感受。最后出生的孩子所面对的处境也很独特，因为他是最小和最弱的孩子。如果两兄弟或者两姐妹一起长大，较为年长和能力更强的孩子自然已经克服了某些困难，而较为年幼的孩子仍需继续面对这些苦难。年幼的孩子处于相对弱势的状态，他对此有所觉察，为了对自己的自卑感进行补偿，他会加倍努力不断赶上哥哥、姐姐，以达到追求卓越的目的。

工作经验丰富的个体心理学家通过观察，往往可以猜到儿童的家庭排行。如果年长的孩子取得一定进步，会刺激年幼的孩子付出更大的努力，以赶上哥哥、姐姐。因而，年幼的孩子通常越来越积极进取。如果年长的孩子各方面比较弱，发展比较缓慢，那他的弟弟、妹妹就不用被逼着在竞争中付出巨大的努力。

因而，确定儿童在家庭中的排行很重要，我们只有了解儿童在家庭中的位置，才能完全理解儿童的行为。最年幼的孩子有着明显的特征，让人很容易看出他是家里最小的孩子。当然也有例外，但是最小的孩子往往希望赶超所有人，为了得到关注，他们没有一刻是安静的，另外他们认为自己得到的必须比别人多，在这种信念的驱使下，他们不断升级自己的行动。观察不同排行的儿童有何特征对教育具有重要的意义，它决定了我们的教育方法。我们不能对所有的孩子都使用千篇一律的教育方法。每个孩子都是独一无二的，如果我们想根据某种标准对儿童进行分类，我们要很谨慎，因为每个孩子都是独立的个体。因为学生众多，学校很难实现个性化教育，但是家庭可以做到这一点。

家里最小的孩子永远都希望成为焦点，就如同拍照时他总是占领最耀眼的 C 位，很多情况下他也能成功达到目的。这一点非常重要，因为这在很大程度上弱化了心理特征的遗传观点。不同家庭里的幼子有着如此多的相似之处，这只能是后天家庭环境起了作用，在此遗传论的观点经不起推敲。

家里最小的孩子还会朝着另一极端发展，这类孩子与上述积极进取的类型完全相反，他们完全失去了斗志和信心，懒惰至极。这两种类型的儿童看起来截然不同，但心理学可以对其进行解释。想超越所有人、进取心过度强烈的个体更容易被困难打倒。如果障碍看起来难以逾越，无法满足他的进取心时，他会一蹶不振，在困难面前，他逃得比那些不太在意目标的个体要快。这两类极端的孩子跟拉丁谚语里描述的一样：“不为恺撒，宁为虚无。”或者正如我们所说的，他们遵循“全或无”的原则。

很多童话故事很好地描述了幼子的特征：最小的孩子往往会超越他的哥哥、姐姐，成为征服者，这不仅仅是巧合。这可能因为在古老的年代里，幼子的人物形象更为突出。在远古简单的条件下，这类孩子的特点可能更容易被人注意到，也容易被观察、记录下来。

家庭排行最大的孩子也有着很多共同特征，我们可以将他们划分为两到三种主要类型。

我曾经对这个问题研究了很久，脑海里一直没有什么思路，直到偶然间读到冯塔纳（Fontane）自传中的一篇文章。冯塔纳描述了他移民法国的父亲如何评论波兰和俄国之战。当他的父亲读到1万波兰军兵把5万俄国军兵打败，并把他们赶走时，总是很高兴。冯塔纳非常不明白，因为他对此持反对意见，他认为5万俄国军兵肯定比1万波兰军兵强，“如果俄国真的输了，这一点也不值得开心，因为强者应该永远都是强者。”根据这段话，我们可以立刻得出结论：冯塔纳是家里的长子！只有长子才会这么说。他一直怀念当他还是家里的独生子时所拥有的很多特权，但后来却被一个更弱小的人“罢免”了自己的特权，他感到很不公平。事实上，长子通常比较保守、因循守旧。他们相信权力、规则和坚不可摧的法律。他们倾向于采取专制的手段，而且非常坦然，不会产生愧意。他们对权力地位有着右派、保守的态度，因为他们自己曾经占据这样的权力地位。

与幼子的情况一样，长子的特征类型不止以上一种，还有其他值得一提的类型。他们是儿童生活中被忽视的儿童，例如有了妹妹以后扮演悲惨角色的长子。迷茫、彻底失去信心的男孩背后往往有个聪明的妹妹，但很少有人意识到这个事实。这种情况并非偶然，对此我们可以进行以下合理的解释。

当今的社会文化中，人们有着重男轻女的思想，尤其第一个出生的儿子往往受到过度溺爱，父母对他的期望很高。所以他一直过得非常不错，直到妹妹突然降生。他将妹妹视为讨厌的入侵者，并与她进行对抗，被宠坏的哥哥如此作为，促使女孩只能拼命努力，只要她的发展方向不出现偏差，这种动力会影响她的整个人生。妹妹的发展如此迅速，哥哥的压力剧增，他突然发现自己的男性优越感毁于一旦，他为此丧失了安全感。到了14~16岁，由于自然规律使然，女孩的心理和生理都比男孩发展迅速，一开始只是缺乏安全感的男孩此时感到彻底失败。他很快失去信心并放弃与妹妹进行对抗，他找各种理由回避问题，或者在自己前进的道路上设置各种障碍，以此找借口停止努力。

如果第一个出生的男孩感到迷茫、无望，懒惰得令人不解，也许是因为感觉自己能力不强、无法与妹妹竞争，他为此焦虑不安。他们有时对女性怀有莫名其妙的仇恨。没人理解他们的处境，也没人向他们解释其中的缘由，所以他们往往命运坎坷，结局令人唏嘘。情况如此糟糕，以至于他们重男轻女的父母或者家人会抱怨："如果这两人能调换性别就好了。为什么优秀的不是哥哥而是妹妹呢？"

有些家庭里有多个女儿只有一个儿子，作为家里唯一的男孩，这类孩子也有着共同的特征。这样的家庭往往形成女性特质占主导的氛围。唯一的男孩要么受到所有家人的宠爱，要么受到所有姐妹的排斥。尽管他们分别有着与生俱来的个人特质，但他们的共同特质也很明显。**社会已经形成一种共识，认为男孩不应该只由女性来抚养和教育**。但我们不能只根据字面意思来理解，毕竟所有的男孩最初都是由女性抚养的。其真正的意思是男孩不应该在只有女性的环境中长大。我们不是歧视女性，只是对问题进行澄清，避免误解。这同样适用于在多个兄弟中成长的女孩。她往往不受兄弟们的待见，因而女孩为了跟他们平起平坐，会模仿男孩们的言行举止，这对她以后的生活来说是个不幸的开始。

尽管我们提倡包容的多元社会，但即使这样，我们也不能认同可以用教育男孩的方式来对女孩进行教育。这在短期内可能没问题，但长期而言男孩和女孩的差异必然出现，教育方式也要做相应调整。生理差异决定了男性和女性要分别在生活中担任不同的角色，问题往往表现在职业的选择上，对自己女性角色不满意的女孩有时很难适应只有女性从事的工作。当我们谈到对婚姻的准备时，显然女孩和男孩的角色教育不能一样。一些对自己性别不满意的女孩会拒绝结婚，因为她们不想屈尊嫁给配不上自己的人，如果她们结了婚，她们会把家庭大权掌控在自己手里。被当成女孩来养育的男孩同样会遭遇困难，他们难以适应我们目前的社会文化。

对儿童进行教育时，我们要记住儿童的生活方式通常在4~5岁的时候逐渐稳固。在此之前，我们要协助他发展必需的社会情感和灵活性，以适应社会生活。在5岁以前，儿童对人和事的态度通常已经确定和固化，他将来的生活态度或多或少都朝着同样的方向发展。他对外部世界的认知也有着固有的模式，儿童容易深陷于此，不断重复早期的心理机制和行为模式。

第8章

正视儿童思维和行为上的偏差

儿童对经历的主观理解影响其性格形成

在潜意识中，儿童对自己在家庭中的位置形成了自己的理解，他们在此基础上不断发展。因此，家庭排行第一、第二和第三的孩子发展都不一样，他们根据家庭排行的位置以不同的方式进行发展。这种早期状况对儿童性格发展来说是一种考验。

对儿童的教育开始得越早越好。**随着儿童的成长，他最终会发展出一套管理自己行为的规则，这一规则指导他根据不同的情景做出相应的反应**。当儿童还很小的时候，他还没建立起指导自己行为的特定机制。经过几年的训练，行为模式开始固化，儿童不再做出客观的反应，而是根据潜意识中对以往经历的主观理解来行事。一旦儿童对特定情境或者对自己处理困难的能力形成了错误的理解，这种错误的理解会决定他的行为。即便他已经成年，再强的逻辑思维或再多的常识都无法改变他，除非他从根本上纠正这种早期形成的错误理解。

儿童在发展中存在着主观经验，教师要了解这些个性化的经验。因为正是这些个性化的经验使得我们很难在儿童的群体教育中应用一般性的规则。同样的规则运用于不同儿童身上会产生不同的结果，也是因为这个原因。

另一方面，如果不同的儿童在同一情境下反应相同，我们不能认为这是自然规律，不能漠然处之或者置之不理。人类会犯同样的错误是因为他们对事物缺乏真正的理解。人们通常认为当另一个孩子降生，家里原来的孩子总会感到嫉妒。对于这种笼统的概括，我们很容易找到例外的情况来对之进行反驳。另外，如果我们能够帮助儿童为弟弟、妹妹的到来做好准备，那么嫉妒就不会产生。犯错的儿童就如同走到山上的分岔路口，不知何去何从。当他最终找到正确的路径并到达下一个小镇时，他听到人们惊讶地说："几乎所有走那条路的人都会迷失方向。"儿童犯错就如同走上了一条具有迷惑性的小路，这条路看起来非常好走，儿童因此被它迷惑和吸引了。

还有很多其他情况会对儿童的性格产生难以估量的影响。我们经常看到同一家庭里一个孩子表现好，另一个孩子表现差。如果对情况进行深入的研究，我们会发现表现差的儿童对追求卓越有着强烈的渴望，他希望可以支配所有人以及设法掌控环境，房子里充斥着他的哭闹声。相反，另一个孩子非常安静、谦虚，全家都喜欢他，他努力成为手足学习的楷模。父母不清楚为什么同一个家庭会养育出如此截然相反的两个孩子。根据具体的情况和调查，我们看到表现好的儿童发现可以通过良好的行为表现获得更多的认可，与表现不好的孩子竞争时可以胜算在握。

当第一个出生的孩子无法通过良好的行为超越他的弟弟、妹妹时，他会朝着相反的方向努力，尽可能地调皮捣蛋。两个儿童之间存在这种性质的竞争是可以理解的。我们的经验是，这种调皮的孩子经过教育后反而可以成为比兄弟姐妹更优秀的孩子。经验还告诉我们，对追求卓越的强烈渴望可以通过完全两极化的行为表现出来。学校也存在类似的情况。

即使两个孩子生活在相同环境，我们也不能因此预测他们会变得一模一样。考虑到家庭排行等因素，实际上没有任何两个孩子的处境会一模一样。一个儿童之所以表现良好、人格完善，很可能是因为他有着一位表现不好的手足。当然，也有一些最初表现良好的儿童后来成了问题儿童。

有一位女孩在10岁之前一直表现良好，算得上模范儿童了。她有个比自己大11岁的哥哥，在自己出生前，他享受了11年独生子的待遇，他被宠坏了。当女孩刚出生时，男孩并不嫉妒这个妹妹，他只是继续他往常的行为。就这么平安无事地过了10年，直到哥哥开始长期离开家，女孩成了家里唯一的孩子，这种情况使得女孩想方设法在家里称王称霸。她的家庭比较富裕，一开始父母还能轻易满足她的所有愿望。但是随着年龄的增长，她的要求越来越高，父母不可能再满足她的每个愿望，因此她非常不满。凭借着家庭的经济声望，她小小年纪就开始负债，在很短的时间内就欠下了一大笔钱。毫无疑问，她选择了另一条路来满足自己的愿望，每当她的要求得不到满足，她的好行为就会消失。她和母亲之间不断发生争吵和哭闹，女孩的性格开始变得非常讨人厌。

从这个案例及其他类似案例中，我们可以得出一个大体的结论：**儿童会通过好行为来达到追求卓越的目的，当环境发生变化时，很难说这样的好行为是否会继续**。个体心理学调查问卷的好处是让我们对儿童及其行为有更全面的了解，通过问卷我们还可以了解他与周围环境的关系，以及他和所有人的关系。我们总会从中发现一些迹象，进而推断他的生活方式。根据儿童调查问卷提供的信息，我们发现儿童常利用自己的性格特征、情绪和生活方式作为追求卓越的工具，以此提高自己的价值感及人际声望。

问题行为是儿童追求卓越的一种方式

学校里有一类儿童似乎与上述描述完全相反。他们非常懒惰，对知识、纪律及别人的教导无动于衷，他们生活在幻想的世界中，没有任何追求卓越的表现。但如果有足够的经验，我们就有可能觉察他们这种行为也是追求卓越的一种方式，即使这种方式看起来很荒谬。他们对自己的能力没有信心，觉得自己不能通过寻常的手段获得成功，因而，他们逃避一切可以获得提升的手段和机会。他们与人隔绝，给人一种冷漠的感觉。然而，这种冷漠并不能代表他们所有的人格特征。在冷漠的背后，他们极度敏感，内心战战兢兢，因而他们需要表面的冷酷来保护自己的内心，以免受伤害。他们给自己套上了盔甲，没人能走进他们的内心。

当我们成功找到方法，诱导这类孩子开口说话时，我们会发现他们非常专注于自我，经常做白日梦，幻想自己拥有至高无上的优越感，他们的白日梦与现实距离甚远。他们假装自己是英雄，征服了所有人；或假装自己是暴君，剥夺了所有人的权力；或假装自己是烈士，为救人于苦难而献身。儿童经常出现这种扮演救世主的倾向，而且不仅仅出现在白日梦中，还出现在真实行动中。当其他孩子陷入危险时，这样的孩子是可以依赖的，他会救人于危难之中。那些在白日梦中扮演拯救者角色的儿童，在现实中也训练自己成为那样的角色，如果他们没有对自己完全失去信心，当机会来临的时候，他们就会挺身而出。

某些白日梦会不断重复出现。在君主制时期的奥地利，有很多孩子幻想着把国王或者某个王子从危险中拯救出来。当然，父母从来不知道自己的孩子有这样的想法。经常做白日梦的儿童不能适应现实，也不能使自己变成积极有用的人。在这种情况下，他们的幻想与现实存在极大差距。有时儿童采取折中的方法，他们根据现实做部分调整，同时也继续做白日梦；有些人则不做任何调整，在真实世界中变得越来越退缩，直至缩到自己创造的个人世界中；而还有一些人完全缺乏想象力，他们不阅读任何虚构或想象出来的作品，只专注于阅读关于现实的作品，例如关于旅游、打猎或历史之类的书籍。

儿童倾向于非黑即白地看待所有问题

毫无疑问，儿童既应该有想象力也应该乐于接受现实。但我们不能忘记，儿童看待问题的方式与成人不同，他们倾向于非黑即白地看待世界。要理解儿童，我们要牢记儿童有一种把任何事物都划分为两个极端的强烈倾向，例如上或下、好或坏、聪明或愚笨、优越或自卑、全或无。成人有时也使用这种二元对立的认知模式。众所周知，我们很难摆脱这种思维模式。例如，我们会从二元对立的角度看待冷和热，尽管我们从科学的角度知道冷和热的区别在于温度高低。

我们不仅在儿童身上发现这种二元对立的认知模式，我们在哲学思想的开端也发现了这种模式。早期希腊哲学就是以这种对立的思想为主导。甚至在当今社会，几乎每个哲学业余爱好者都试图用二元对立的方式来衡量价值。他们甚至还制定了词汇对照表——生命对死亡、上对下、男对女等。这些不成熟的哲学思想和古老的哲学认知模式有着显著的相似性，这些习惯于将世界划分为两个极端的人保留了儿时不成熟的思考方式。

遵照二元对立观点的人们有一个公式，那就是“全或无”的准则。当然，要完全遵照这样理想的准则是行不通的，但这些人依然按照这一准则来管理自己的生活。人们不可能只有“全或无”两种状态，因为两个极端之间存在着许许多多渐变的过程。**严重自卑的儿童最喜欢使用“全或无”的公式，他们有着过度的进取心，以此作为对自卑的补偿**。

历史上曾经出现过这样的人物，例如恺撒，他在谋求王位的时候被自己的朋友杀害了。他的名言“不为恺撒，宁为虚无”就是“全或无”法则。儿童很多的性格特征都透露着这种非此即彼的痕迹，例如固执。儿童的生活中有很多例证，说明他们已经发展出自己的一套哲学理论，或者已经发展出与常识背道而驰的个人认知模式。例如，有个4岁大的女孩非常固执和倔强。有一天母亲递给她一个橙子，女孩接过来就把橙子摔到了地上，她说：“你拿给我的，我不要；如果我觉得想要了，我会自己拿！”

对于懒惰的儿童，如果他们不能如愿达到自己的目标，他们会越来越退缩，最后沉浸于虚无的白日梦、幻想和空中楼阁之中。虽然我们不能言之过早，但是这样的孩子最后往往会迷失自我。天性敏感的儿童，在现实中很容易退缩，因为他们为自己创造了一个虚幻的世界，可以使他们免受一定的伤害。但是，这种退缩或逃避并不意味着儿童一定无法适应社会。

与现实保持一定的距离不仅对作家和艺术家来说很有必要，甚至对科学家来说也必不可少，因为这些领域都需要想象力。通过白日梦进行幻想，这正是个体采取的迂回策略，他试图借此逃避生活中的不愉快和可能的失败。我们一定不能忘记，正是那些有着丰富想象力而又能将幻想与现实紧密结合的人成了人类的领袖。他们之所以能成为领袖，不仅因为他们受过良好的教育，有着敏锐的观察力，还因为他们有勇气和开拓意识，因为他们积极面对生活的困难，并成功战胜了困难。从伟人的传记中可以看到，他们小时候并没有对社会做出过多大贡献，也算不上好学生，但他们的观察力和政治敏锐性的确很强。因此，只要有利的条件出现，他们就勇气倍增，直面现实并投入战斗。当然，如何将儿童培养成伟人没有固定的法则。但是最好记住，**我们不能粗暴地对待孩子，我们要一直鼓励他们，尝试给他们解释现实生活的重要性，这样他们才不会在自己的幻想和真实世界之间筑起一道鸿沟**。

第9章

人格具有发展的连续性

环境转变是了解儿童性格的最佳时刻

个体的心理具有统一性，在某种意义上说，人格的所有表达方式都具有一致性和连贯性。随着时间的流逝，人格会逐渐发生演变，但这种演变不会突然发生。现在和将来的行为总是和过去的性格保持一致。这不代表个体生活中的事件完全由经验和遗传决定，而是说明将来和过去有着难以割裂的联系。我们不可能一夜之间就脱胎换骨，我们也不知道自己皮囊下装着怎样的灵魂。换言之，除非我们尽情展示自己的能力，否则我们不可能了解自己全部的潜能。

人格具有发展的连续性，它并非一成不变。基于这一事实，个体存在教育和提升的可能性。不仅如此，我们还可以在任何阶段对个体的个性发展状况进行检测。当个体进入新环境，他所隐藏的性格特征就会显露出来。如果我们可以直接对个体进行实验，将他们带到一个全新的、意想不到的情境中，他们的发展状况将一览无遗。在新情境中，个体的行为肯定与过去的性格特征保持一致，并以在旧环境中没有表现过的方式凸显自己的性格特征。

儿童遭遇环境转变的时刻可能是了解他们性格的最佳时刻，这些环境转变包括从家庭到学校或者家庭突然遭遇变故。**当儿童处于一个变化的情境，他的性格局限会清楚地显露出来，如同经过化学处理后底片的图像会清晰呈现在相纸上一样**。

我们曾经有机会观察一个被收养的孩子，他已经被教师列入屡教不改的黑名单，脾气暴躁，行为难以捉摸。当我们和他谈话时，他很巧妙地避开了话题，他所说的事情跟我们提的问题毫无关系。在综合考虑所有情况之后，我们认为：这个孩子已经在养父母的家里待了几个月，但还是对养父母抱有敌意，看来他并不喜欢那里。

这是我们可以从以上情境中得出的唯一结论。他的养父母先是摇摇头，说他们对男孩很好，实际上男孩受到的待遇比他以往所受到的都要好。但这些并不是决定儿童行为的主要因素。平时我们经常听到父母们说："我们什么办法都试了，软硬兼施，但是都不起作用。"这说明只对孩子好是不够的。有些儿童会因为这种好意表现良好，但我们一定不要以为我们感化了他们。他们在根本上没变，他们相信这种好日子不会长久，只要人们的好意消失，他们会马上变回老样子。

重要的是我们要理解孩子的内心想法，也就是说他如何解释自己的处境而不是父母如何看待他的处境。我们向男孩的养父母说明，男孩和他们在一起并没有感觉到快乐。男孩的态度不一定合理，但是肯定有些事情引发了他的反感。我们认为，如果他们觉得自己没有能力改正孩子的错误并赢得他的心，他们应该把他交给别人，否则男孩会一直抗争，觉得家里是个关押和管制他的地方。后来我们听说男孩变得非常暴戾，成为人们眼中的危险人物。用温和的方法对待这个男孩或许可以轻微改善他的行为，但是这还不够，因为他并不了解事情的整个概况，我们收集了全面的信息之后才弄清楚。

对这个案例的真正解释应该是：他和养父母的孩子一起长大，他感受到养父母存在区别对待，他们并没有像对待自己的孩子一样关心自己。他当然不能以此为理由乱发脾气，因此他萌生了逃离的念头，并千方百计用不恰当的行为实现愿望。他能够按照自己设定的目标聪明地采取行为，由此我们可以排除男孩智力低下的可能。当这个家庭感觉无法改变他的行为时，他们应该把他送走，但他们花了一些时间才意识到这一点。

如果人们因为孩子的过失采取惩罚措施，那惩罚就成了他继续叛逆的极佳理由。在他看来，这正好证实了他的叛逆是对的。我们有充分的理由说明这一观点，可见儿童所有的错误都是与环境抗争的结果，是他遭遇新环境又没提前做好心理准备的结果。这些错误虽然幼稚，但是我们不必惊讶，因为成人同样存在这样幼稚的表现。

儿童的微动作行为心理

如何对个体的姿态和细微的动作进行解释，这几乎还是无人涉足的领域。人们可以将所有的行为方式整理成册，并对其中的关系和根源进行研究，恐怕没人比教师更能胜任这项工作了。我们要记住，同一种行为方式在不同的场合可能代表不同的意思；做同一件事的孩子并不意味着想表达同一个含义。此外，即使儿童有着同样的心理问题，他们表现问题的方式也是不同的。简单而言就是：不能一概而论。

我们不能根据常识来判断对错。儿童犯错是因为他们有着错误的目标，在这一目标指引下的行为和结果当然也是错误的。尽管真理只有一个，但是人类有无数犯错的可能，这是人类的特性。

孩子的有些行为方式未曾被人们注意到，但是这些方式很重要。例如，睡眠姿势。有个很有趣的案例，一位15岁的男孩经常做一个梦：帝王约瑟一世（Francis Joseph I）死了，他以鬼魂的形象出现在男孩面前，命令他组织一支军队攻打俄国。如果我们有机会在夜里来到他的房间观察他的睡姿，我们会看到一幅惊人的画面。他躺在床上的姿势是拿破仑指挥作战的姿势。第二天白天见到他时，他的形体姿势和睡觉时的姿势类似，都是军人的姿势。他的幻想和清醒状态之间的联系看起来相当明显。我们哄着他谈了一次话，在谈话中我们试图使他相信约瑟一世依然在世，但他不愿意相信。他告诉我们，他在咖啡馆为客人服务的时候，因为个子矮小总是被取笑。我们问他，生活中是否有其他人像他这么走路，他想了一会说："我的教师梅耶尔先生。"我们似乎猜对了，如果我们将梅耶尔的形象联想为另一个小拿破仑，谜团就解开了。更重要的是，男孩告诉我们他想成为一名教师。梅耶尔教师是他最喜欢的人，他想要模仿他的一切。总而言之，男孩的整个人生故事都浓缩在他的姿势里了。

对新环境的不适和紧张会让儿童产生自卑感

新环境可以测试儿童对新生活的准备工作做得怎么样。如果儿童准备充分，他会满怀信心地迎接新环境。如果他缺乏准备，新环境会使他产生紧张感及能力不足的自卑感。这会扭曲他的判断，导致他做出错误的反应。也就是说他没有顺应环境的要求，他的反应缺乏社会情感基础。换言之，儿童在学校表现不好，不仅仅因为学校系统的不完善，还因为儿童自身的局限性。

我们要对新环境进行深入考察，并不是说新环境导致了儿童的行为恶化，而是因为新环境可以清楚地反映出儿童是否做好了主要的心理准备。所有的新环境都是检验准备工作是否充分的试金石。

在这点上，我们可以再讨论一下调查问卷（见附录一）中的一些内容。

1. 问题是从什么时候开始的？这个问题马上把我们的注意力吸引

到新情境出现的时刻。如果一位母亲说她的孩子上学之前一切正常，她并没有真正理解她告诉我们的这些信息，她并没有觉察新环境带来的影响。学校给孩子带来的困难超出了他可以承受的范围。如果家长对于时间节点的回答是："过去3年都这样。"这样的信息还不够详细，我们必须知道3年前他所处的环境或者他的身体状况发生了什么变化。

儿童对自己逐渐失去信心的第一个表现通常是无法适应学校生活。如果孩子第一次感受到的挫败没有得到足够的重视，这对孩子来说可能意味着一场灾难。我们要弄清楚孩子因为成绩不好挨过多少打，这些糟糕的成绩或者他遭受的责罚对他追求卓越产生怎样的影响。他可能开始完全失去勇气，认为自己缺乏取得成就的能力——尤其是他父母习惯于这么恶意批评他："你会一事无成的。"或者："你没有好下场的，等着进监狱吧！"

有些儿童因为失败越挫越勇，有些则一蹶不振。我们要鼓励对自己失去信心、对未来失去信心的孩子。我们要温柔、耐心和宽容地对待他们。

我们不能简单粗暴地解释儿童的问题，这样可能会把孩子吓得更迷惑。另外，如果兄弟姐妹表现特别出色，也会使儿童放弃努力。

2. 问题出现前有什么迹象吗？也就是说环境改变之前是否有一些蛛丝马迹显示儿童准备不足？对于这个问题，我们会得到各种各样的答案。"这个孩子的东西放得乱七八糟。"说明他的母亲为他做了所有的事情。"他总是胆小怕事。"说明他很依赖家人。如果人们将孩子描述为一个比较弱的孩子，我们可以推断他出生时身体不太好，因此人们可能对他很宠爱甚至过度溺爱，我们也可以推断他可能会因为样貌丑陋而受到忽视。这个问题可能也涉及智力低下。整体来看，这个孩子发展比较缓慢，以至于人们怀疑他的心智有点问题。虽然他后来已经摆脱了这种发展缓慢的情况，他仍然会有被宠坏或者身体受限的心理感觉，这会使他难以适应新环境。如果人们认为孩子胆小又粗心，我们可以肯定这个孩子想借此引起他人的注意。

教师的首要任务是赢得孩子的心，然后培养他的勇气和信心。当一个孩子笨手笨脚的时候，教师要弄清楚他是不是左利手。如果孩子笨手笨脚得很夸张，教师应该弄清楚孩子对自己的性别角色是否有足够的认识和理解。

帮助儿童了解自己的性别角色

在女性环境中长大的男孩很少和其他男孩交往，他们容易遭到别人的取笑和嘲弄，以及经常被当成女孩子来对待。他们已经使自己习惯了女孩的角色，因此他们会在以后的生活中经历相当强烈的内心冲突。**我们不能忽略男性和女性之间的生理差异，否则会导致儿童误以为性别是可以改变的**。无论如何，他们最终都会发现身体构造难以改变，他们只能根据自己想要归属的性别，试着培养自己的男性心理特质或者女性心理特质，以此弥补不能改变身体构造的遗憾。他们有时还通过穿着打扮和行为举止来表现这些异性特征。

有些女孩会对专门为女性设置的工作岗位感到厌恶，主要原因是人们认为这样的工作没有什么价值，这反映了我们当今社会的不足和失败。男性享有女性所没有的特权，这种传统依然存在。我们的文化明显偏向于男性，强调男性优势，并允许男性为自己制定某些权利。儿子的降生常常比女儿的降生更让人高兴。这会对儿子和女儿都带来不良的影响。自卑感很快给女孩带来痛苦，而男孩则要背负起沉重的期望。女孩的发展会受到种种限制，尽管美国等国家的性别歧视已经没那么明显，但即使在美国，社会关系仍然还没达到平衡。

值得关注的是，社会大环境对心理的影响也在孩子身上发生。接受自己的女性角色，意味着女性要接受一些不公平和苦难。这会引发女性的反抗，例如她们会表现出任性、固执、懒惰，所有这些表现其实都和追求卓越有关。如果女孩出现以上行为表现，教师要弄清楚她是不是对自己的性别不满意。

这种对性别的不满会延伸到其他领域，以致生活成为一种负担。有时人们想要生活在另一个星球，在那里没有性别之分。但是这种错误思维会导致各种荒唐之举，或者导致个体彻底变得冷漠、犯罪甚至自杀。如果我们为此采取惩罚的措施或者对他们缺乏关爱，只会进一步强化儿童的无力感和无能感。

如果儿童通过正常、坦然的方式了解男性和女性之间的差异，明白男性和女性一样有价值，那么以上不幸就可以避免。通常父亲都有种优越感，他们是家庭的主宰：制定各种规则、向家人下达指令、对妻子做指示、掌握决定权。家里的男孩也试图显得比女孩优越，他们的嘲笑和批评使得女孩对自己的性别心生不满。心理学家认为男孩的这种行为其实源自他们的软弱感。能做某些事和“看起来”能做某些事相当不同。有人也许会争论女性至今做不出伟大成就，但这种争论毫无意义。因为迄今为止，人们并没有培养女性去做伟大的事情。男性只是让女性做补补袜子之类的工作，并且试图使她们相信这就是她们该做的事。这种情况到目前虽然已经有所改观，但如今我们为女孩提供的教育和培养，并不意味着我们期待她们做出非凡成就，但我们对于男孩的期待就不一样。

如果我们没有协助儿童为将来做好准备，但又因为他们表现不好对他们进行批评打击，这种做法显然缺乏长远目光。要改善目前的社会状况并不容易，因为不仅仅是父亲，连母亲都认为男性特权是合理的，并按照这种观念来培养自己的孩子。他们教导孩子：男性权威是正确的，男孩要获得权威，而女孩要服从权威。

儿童应该尽早了解自己的性别角色，而且要了解自己的性别不可改变。正如我们所说，女性已经对所谓的男性权威和男性优势产生不满。这种不满如此强烈，以至于女性拒绝接受自己的性别，努力使自己尽可能表现得像男人一样，个体心理学家称之为“男性钦羡”（masculine protest）。有些天生畸形或者发育不全的生理症状导致成人对自己的性别产生怀疑（女孩身上出现了男性生理特征，男孩身上出现了女性生理特征）。这些怀疑有时是根深蒂固的，与生理发育不良有关。与女性相比，人们更容易注意到男性生理上的不成熟，导致人们容易发现男性身上具有女性特质。其实不是因为他们具有女性特质，而是因为他们的行为表现还像个孩子。如果男性的身体发育不良，他会感觉到令人痛苦的自卑，因为我们的社会文化崇尚成熟的男性、成就比女性高的男性。如果女孩身体发育不良或者长得不好看，也会导致女孩对这个问题产生反感，因为我们的社会文化过分重视美貌。

性格、气质和情感是第三性征的指标。敏感的男孩被视为女性化，镇定、自信的女孩被视为男性化。这些特质并非与生俱来，而是后天获得的。这些早期的异性特质被大脑记忆下来，当儿童成年后，他们依然记得自己从小行为举止就比较奇怪，他们保留了这些异性特质：如果他们是男孩，他们的行为举止就会像女孩；如果她们是女孩，行为举止就像男孩。他们根据自己的性别意识来发展行为模式。

下一个需要了解的问题是：儿童的性发展和性经验程度如何？**儿童在不同的年龄阶段应该对性有不同程度的理解**。保守估计，至少90%的儿童在父母或者教育者向他们普及性知识前就早已了解真相。如何向儿童普及性知识并没有固定的标准，因为我们难以确定儿童的接受能力和理解程度，以及这种解释会给他们带来什么影响。**一旦儿童要求我们对性知识进行解释，我们应该结合儿童当时的情况，经过深思熟虑之后再给出回答**。最好不要给出不成熟的答案，尽管它并不一定会产生不良后果。

特殊的家庭角色：养子女、继子女和私生子女

养子养女及继子继女的问题处理起来比较困难。这两类儿童将别人的好意当成理所当然，将所有的问题都归咎于自己特殊的家庭角色。失去母亲的儿童会和父亲建立亲密的依恋关系。但假如父亲再婚，这类孩子会感觉遭到抛弃，拒绝与继母友好相处。有趣的是，有些儿童将自己的亲生父母当成继父母，这无疑说明儿童遭到了严厉的批评和抱怨。继父母的形象被众多童话故事污名化了，在这些童话故事中，继父母总被塑造成邪恶的形象。

顺便说一下，**童话故事并不是理想的儿童读物**。但不可能完全禁止他们看这些读物，因为儿童可以从里面学习很多关于人性的内容。但这些故事最好配上评论文章，帮助纠正里面错误的观点。此外，**我们最好阻止儿童看残酷和三观扭曲的童话故事**。这些童话故事中充斥着冷酷残忍行为的描述，而且通常做出这些行为的是一位强者，这些描述会使

儿童读者变得冷酷，失去自己柔软的内心。这隐含着盲目的英雄崇拜观念。许多男孩认为表达同情是没有男子气概的表现。如此温柔的情感居然会受到鄙视，实在令人费解。其实只要这种情感没有被滥用，它就是一种非常珍贵的情感——当然任何情感都有可能被滥用。

私生子的处境也极为困难。女人和孩子都承受着非婚生子的压力，而男人却逃之夭夭，这显然不公平。最大的受害者当然是孩子。不管人们如何帮助这样的儿童，都不可能使他们幸免于难。因为他们很快意识到自己和别人不一样。他们会被同伴嘲笑，或者国家的法律使他们的生存处境很艰难，他们被贴上了“私生子”的标签。因为生性敏感，他们很容易跟人吵架，并对世界产生敌意。在所有的语言中，都有难听、带有侮辱和令人痛苦的贬低性词语来形容这类孩子。为何有如此多的孤儿和私生子最后沦落为罪犯，其实不难理解。他们的反社会倾向不可能是天生或者遗传的，而是后天环境影响的结果。

第10章

学校教育是纠正家庭教育失误的关键场所

儿童入学的心理准备状态比学业成绩更重要

在入学初期，儿童会发现自己置身于全新的环境中。跟所有的新环境一样，我们可以将入学视为儿童心理准备的试金石。如果儿童受过良好的训练，那么他会顺利通过学校的检验；如果他缺乏准备，他已有的缺陷就会显露无遗。

当儿童进入幼儿园和小学时，我们很少记录儿童的心理准备状态。但如果我们做了记录，这些记录可以帮助我们理解儿童成年后的行为。这样的“新环境测试”要比普通的学业测试更能说明问题。

当儿童进入学校时，学校对他有什么要求？在学校，儿童需要学会与教师及同学合作，还需要对学习的科目感兴趣。根据儿童对新环境的反应，我们可以估计他的合作能力和兴趣范围。我们还可以了解很多信息：儿童对什么科目感兴趣；他是否对别人说的话感兴趣；他是否对周围的事物感兴趣。通过研究儿童的态度、姿态和眼神、聆听别人说话的方式、与教师是友好亲近还是保持距离等情况，我们可以了解儿童对新环境的反应。

这些细节如何影响个体的心理发展，我们可以用一位男性来访者的案例进行说明，他因为在职业上遇到一些困难过来咨询。通过回顾他的童年，咨询师发现他是家里唯一的男孩，从小在姐妹群中长大。他出生不久后，父母就去世了。等他到了上学的年龄时，他不知道自己应该上男子学校还是女子学校。在姐姐们的劝说下，他去了女子学校，不过他很快就被开除了。不难想象，这段经历给他留下了糟糕的印象。

儿童能否专注于学校科目的学习，很大程度取决于他对教师的兴趣。使学生保持专注、发现学生何时无法保持专注，是教师应该掌握的一门艺术。很多儿童来到学校时完全没有专注的能力。这些一般都是被宠坏的孩子，面对众多陌生人，他们心里很茫然。如果恰巧教师比较严厉，那么在他看来，这些孩子似乎完全记不住东西。但这种记性不好的情况没有人们想的那么简单，因为他们能记住学业以外的其他事情。他能够集中注意力，但只在家里备受宠爱的情境下才这么表现。他专注于想得到别人的宠爱，而不是专注于学业。

如果这样的孩子在学校表现不好，例如成绩不好、考试不及格，对他进行批评或者责备是没有用的。批评和责备不会改变他的生活方式。相反，这些只会使他更加确定自己不适合学校，从而形成消极悲观的态度。

值得注意的是，被宠坏的儿童如果被教师折服，他们经常会成为非常好的学生。只要有巨大的好处，他们就会有好表现，可惜我们并不能保证他在学校里永远都能成为宠儿。如果他换了学校或者换了教师，甚至没有在某个科目上取得进步（对于被宠坏的儿童来说，算术总是一门比较麻烦的科目），他的好行为就会消失。他的好行为之所以没有继续保持，是因为他已经习惯于毫不费劲地达到目的。人们没有训练他学会努力，他也不知道如何努力。他没有耐心去面对困难，也没有耐心主动努力地往前迈进。

由此我们明白了什么才是入学前的良好准备。糟糕的准备背后总有母亲的影响。**我们知道母亲是第一个激发儿童兴趣的人，她肩负着重要的责任，也就是将儿童的兴趣引导到健康的道路上来**。如果她很少尽到自己的责任，那孩子入学时问题就会显露无遗。除了母亲的影响，还有家庭错综复杂的影响，例如父亲的影响、兄弟姐妹之间的竞争等。我们已经在前面的章节中分析过这些内容，我们将在下一章详细讨论不良环境和社会偏见的影响。

总而言之，以上情况都会导致儿童入学准备不足。雪上加霜的是，人们还根据学业成绩对这些准备不足的儿童进行评判。其实分数能够反映儿童当前的心理状况。我们不应该仅仅将其视为反映学业的分数，它其实还呈现了儿童的智力情况、兴趣情况和专注力情况。尽管学业测试和智力测试的内容构成不同，但他们在结果解释上没什么不同。在这两种测试中，我们都应该强调它们反映了儿童怎样的心理状况，而不是强调儿童表面上掌握了多少知识。

智力测验不能衡量儿童的未来

近年来，所谓的智力测试已经有了长足的发展。它们会左右教师的判断，某些时候，它们有一定的价值，因为它们能揭示普通测试难以测量的内容。有时智力测试可以帮到一些孩子。曾经有位男孩在考试中表现不佳，教师想把他降到低一级的班级里去，但是他的智力测试分数出人意料地高。最后男孩没有降级，反而跳了一级。这让他信心倍增，行为表现从此令人改观。

我们不想低估智力测试的作用，但是我们必须强调，如果工作中需要使用智力测试，我们不应该让家长和儿童知道测试的分数。家长和儿童不了解智力测试的真正价值，他们只想着分数就意味着未来和结局，代表着儿童的命运，以致儿童的发展受限于此。实际上，如果人们把智力测试的结果绝对化，智力测试很容易遭到质疑。因为在智力测试中获得高分的人并不一定会在未来获得成功，相反，不少获得卓越成就的人在智力测验中的分数并不高。

个体心理学家的经验是，如果个体智力测试得分较低，人们可以通过训练提高个体的智力分数。例如，让儿童不断练习某种智力测试的题目，直到他找到正确的技巧。此外，他可以在智力测试之前做好充分的准备。通过这些方法，儿童可以取得进步以及增加应试经验和技巧，在后续的测试中取得较好的分数。

另外一个至关重要的问题是，学校的日常教学对儿童产生了怎样的影响，儿童的学业负担如何。我们并不认为学校开设的科目不重要，也不认为学校的科目数量应该减少。**但是，让儿童学会将学科知识融会贯通很重要，这样儿童就能了解所学科目的目的和实际价值，而不仅仅将学科知识视为完全抽象和理论化的知识**。我们应该教给儿童学科知识和客观事实，还是应该塑造儿童的人格？关于这个问题目前存在很多争议，个体心理学认为可以将这两者进行结合。

正如我们所说，学科教学应该充满趣味性、实用性。我们可以将数学（包括算术和几何）与建筑的风格和结构、可容纳的人数等结合起来进行教学。有些科目可以进行混合教学。在教学理念比较先进的学校里，教学经验丰富的教师懂得如何进行混合交叉教学。通过和儿童一起散步，可以发现他们对哪些科目更感兴趣。他们尝试在教学中将科目进行结合，例如，他们在植物的教学中加入植物的历史、国家的气候等知识。通过这种方式，他们不仅使儿童对原本不感兴趣的科目产生兴趣，还使儿童掌握了融会贯通的能力，这是所有教育的最终目标。

引导儿童正确看待成绩分数

在学校，儿童感觉自己身处与人竞争的环境中。教育者不能忽略这一重要情况，原因我们很容易理解。理想的班级应该是一个整体，班级里每个孩子都应该将自己视为整体的一部分。**教师应该注意把儿童的相互竞争和个人进取心控制在一定范围内**。儿童不喜欢看到别人取得进步，他们要么不遗余力地追赶竞争对手，要么自暴自弃陷入自己的主观世界，缺乏客观看待事物的能力。因此教师的建议和指导非常重要，教师一句恰当的话语可以使儿童从竞争转变为合作。

在这一点上来说，制定班级自我管理方案很有益处。我们不需要等到儿童完全具备自我管理能力才开始实施这种方案，但是可以允许儿童先观察班里的各种情况，或者先充当没有实际权力的班级顾问。如果儿童完全没有准备就开始实行班级自我管理，我们会发现他们的惩罚比教师还要严格和苛刻，他们甚至利用班级特权来谋取利益和达到个人目的。

在评价儿童在学校里取得的进步时，除了要考虑教师的看法，我们也要考虑儿童的看法。有趣的是，儿童在这一方面有很好的判断。他们知道拼写、画画和运动表现最好的同学是谁。他们可以对彼此进行评价，而且相当到位。虽然他们可能做不到绝对公平，但只要他们意识到这一点，他们会尽量做到客观公平。

在评价方面，儿童最大的问题是进行自我贬低，他们相信 :“我永远也赶不上了。”这是错误的信念，实际上他们可以赶上。我们必须指出他们的错误判断，否则这将会成为他们人生中牢不可破的观念。有着这种观念的儿童难以取得进步，只会停滞不前。

学校里孩子的成绩水平可以简单划分为优良、中等和较差，大部分孩子的成绩水平几乎维持不变。与其说这种状态反映了个体大脑的发展状况，不如说这是个体心理惯性的体现。这正是儿童自我设限的表现，他们在几次测试之后就放弃了希望，变得悲观消极。但重要的是儿童的相对位置偶尔会发生变化，说明我们不能以宿命论来看待儿童的智力状况，因为成绩并非一成不变。教育者应该让儿童了解这一点，并引导他们正确看待自己的成绩。

有人认为儿童取得的成绩取决于遗传因素，教师和儿童都应该摒弃这种错误的观念。遗传决定论认为能力与生俱来，这也许是儿童教育中最严重的错误观点。个体心理学家首次指出了这一谬误，但人们认为这只是我们的乐观臆测，没有科学依据。不过现在越来越多的心理学家和精神病学家开始接受我们的观点。遗传容易成为父母、教师和儿童的借口，每当人们需要付出努力和克服困难时，他们总是把遗传论搬出来，以减轻自己做事的责任。但我们没有权利逃避责任，对于任何旨在帮助我们推卸责任的观点，我们应该始终抱有怀疑态度。

相信自己的工作有教育价值的教育者以及相信教育可以塑造性格的教育者都要警惕遗传决定论。我们在这里讨论的不是生理遗传，因为身体缺陷乃至不同的生理能力确实是遗传的。但是，连接生理机能和心理机能的桥梁是什么？它们的关系如何？个体心理学坚持以下观点：**个体的心理会体验到身体拥有的能力水平，并不得不采取相应的应对措施**。有时个体被自己的身体缺陷吓到，投入太多心理机能来应对生理机能带来的问题，以至于身体的问题消失后，个体内心的恐惧依然存在。

人们总喜欢追根溯源，找到现象背后的原因。例如，我们在评价一个人的成就时就喜欢使用这种观点，试图找到他成功背后的遗传因素，但是这种观点很容易误导人。这种思维模式最常见的错误就是忽略了我们每个人都有很多祖先，忘记了每个人都有爸爸和妈妈，祖祖辈辈的祖先往上叠加，枝叶庞大，如果我们画一幅家谱图的话就会看得很清楚。假如我们往前追溯五代人，那么每个人共有64位先人，毫无疑问在这64位先人中，人们肯定能找出一位聪明人，进而假定正是这位聪明人的优秀基因遗传给了后人。如果我们往前追溯10代人，那一共有4096位先人，要在这么多人里找到一位能力非凡的人肯定没有问题。但我们不要忘记，能力非凡的人通过家庭氛围的营造，使家风得以传承，这对儿童的影响也类似遗传的作用。这就是为什么某些家庭培养的人才比其他家庭多。这不是遗传，而是家庭环境的影响，这是非常明显和简单的事实。我们只需回顾一下以前欧洲的情况就会明白，那时儿童都被逼子承父业，这些技能当然不是与生俱来而是后天习得的。如果我们把当时社会制度的影响抛之脑后，那统计分析出来的遗传作用看起来就相当显著了，这非常具有迷惑性。

除了遗传决定论的观点，给儿童带来最大影响的问题是惩罚。**父母会因为儿童成绩不好而采取惩罚措施，教师也不待见成绩不好的儿童**。这样成绩不好的孩子既要在学校受苦，回到家后还要面对父母的责罚。

学校的教师要谨记糟糕的成绩单会带来什么后果。有些教师误认为孩子为了避免把糟糕的成绩单拿回家，他们会加倍努力学习。但教师们忘了有些家庭环境很特殊，这些家庭的儿童在严厉冷酷的氛围中成长。因此，他需要相当巨大的勇气才敢把糟糕的成绩单拿回家，经过思前想后，他可能根本不敢回家，甚至因为害怕父母而走投无路，只能选择自杀。

教师不参与学校管理制度的制定，但是如果他们可以用个人的同情和理解调和一下制度中没有人情味的严格规定，那最好不过。这样教师就会因为学生的特殊家庭环境而态度温和一点，给学生增添勇气而不是赶他上绝路。**如果学生总拿到糟糕的成绩单，不断地被告知自己是最差的学生，他们最后会信以为真，从此背上沉重的心理负担**。如果我们设身处地地从儿童的角度去看问题，其实很容易理解他不喜欢学校的原因。这是人之常情，如果有人在某个地方总是受到批评，接到糟糕的成绩单，失去了赶上别人的希望，他自然不会喜欢这个地方，会想方设法逃离。所以当我们看到这样的孩子逃学旷课时，我们不应该感到奇怪和生气。

但尽管儿童逃学旷课情有可原，我们还是应该意识到事情的严重性。这对孩子来说无疑是糟糕的开始，如果事情发生在青少年阶段，我们尤其要警惕。这样的学生非常聪明，他们可以通过伪造成绩单、逃学等行为进行自我保护。因为逃课，他们会遇到和他们一样的孩子，并开始拉帮结派，最终走上犯罪的道路。

个体心理学认为，没有孩子会真的无药可救。我们相信总可以找到帮助孩子的方法。即使遇到最糟糕的情况也是如此，当然我们需要花心思才能找到合适的方法。

特殊教学现象：留级、跳级、优差班问题

让孩子留级的坏处不言而喻，教师普遍赞同儿童留级给学校和家庭带来了问题。尽管不是每个孩子都是这样，但是例外的情况很少。大部分留级的儿童都需要长期复读，因为他们总是落后于其他孩子，问题始终没有得到妥善解决。

什么时候该让孩子留级，这确实不好处理。有些教师想办法成功地避免了这个问题，没有让孩子留级。他们利用假期对孩子进行训练，查找出错误的行为方式并进行纠正，通过这些方式，教师帮助这些孩子正常升入下一个年级。如果学校能建立一项制度，安排专门的教师对这些孩子进行帮扶，那这种方法就可以得到更广泛的应用。目前学校有社工和外聘教师，但是还没有专门的辅导教师。

公立学校的班主任对儿童的情况最为清楚。有些人认为班级太大，班主任很难了解每个学生。但如果班主任可以在孩子入学的时候就对他

们的行为进行观察，他就可以快速了解孩子们的生活模式，从而避免很多问题。即使班里学生很多，班主任同样可以做到这一点。如果教师对学生可以多一些了解，会更有利于学生的教育工作。人数过多的班级绝对不是一件好事，这种情况应该尽量避免，好在这并不是教育工作不可逾越的障碍。

从心理学的角度来看，最好不要每年都换教师，更不要半年换一次教师，有些学校就是这么做的。让教师跟着学生一起升班，如果教师可以跟着同一批孩子两年、三年或者四年，这在各方面都有很大好处。这样教师就有机会熟悉所有孩子，有机会了解每个孩子生活模式的错误，并且对此进行纠正。

有些孩子经常跳级，这种做法是否妥当还存在争议。跳级会引发儿童对自己的高期待，但跳级后他们经常难以满足这种高期待。如果儿童在原有的班级中年龄超过太多可以考虑跳级。另外，如果儿童以前发展缓慢，现在已经发展进步了，也可以考虑跳级。不能因为儿童成绩好或者见识广就让他跳级，还不如让聪明的孩子把时间花在画画、音乐等课外学习上，这对他的发展来说更有利，对于整个班级来说也有好处，因为聪明的孩子可以激励其他孩子共同进步。**将好的学生从班里抽出来不是明智之举**。有人说我们应该把表现优秀、成绩好的学生从班级中选拔出来单独培养，我们并不认同这种做法。因为正是这些聪明的孩子推动了整个班级的进步，带给班级更大的发展动力。

对学校里的重点班和差生班进行研究是件很有意思的事。我们惊奇地发现重点班的个别学生实际上智力有点问题，而差生班里的学生并不像人们所想的那样智力低下，他们大多只是来自贫困家庭。来自贫困家庭的儿童得到的评价有失偏颇，他们容易被当成落后分子。原因是他们为入学所做的心理准备不够充分。这很容易理解，因为他们的父母要忙于生计，没有时间照顾孩子，也可能因为他们没有受过良好的教育，缺乏教孩子做好准备的意识。这种缺乏入学准备的孩子不应该被放进差生班里。进了差生班就意味着给孩子打上了烙印，他会因此遭到同伴的嘲笑。

我们在前面提到过可以安排专门的辅导教师，这是比较可取的方法，可以照顾到这些特殊的孩子。除了专门的辅导教师，学校还可以成立儿童活动中心，让儿童可以得到额外的辅导。孩子们可以在活动中心里做作业、玩游戏、阅读等。通过这种方式，他们可以获得勇气和信心，相反，在差生班，他们的自信心会大受打击。如果学校可以建立这样的活动中心以及增设操场的话，孩子就不用在街上游荡，进而彻底远离外界的不良影响。

所有教育实践的讨论中，我们都会遇到男女同校的问题。原则上，我们是提倡男女同校的，但若任由其自行发展，那就大错特错了。男女同校必须考虑很多特殊的问题，否则弊大于利。例如，在16岁之前女孩的发展比男孩快，人们普遍忽略了这一事实。如果男孩没有意识到这一点，一旦他们看到女孩表现比他们好，他们就会心理失衡，开始和女孩进行毫无意义的竞争。学校的管理者或者任课教师一定要考虑这些问题。

如果教师支持男女同校，也清楚需要谨慎处理的问题，那么男女同校就可以成功实现。但是如果教师反对男女同校，而且感觉这种体制给他带来负担，那么在他的班级实行男女同校可能会面临失败。

如果男女同校没有完善的管理体制，儿童没有得到正确的指引和监管，这会引发性方面的问题。我们会在随后的章节中详细讨论性方面的教育。在这里我们要指出，学校的性教育是个很复杂的问题。实际上，**学校不是传授性知识的好地方，因为当着全班的面进行讲授，教师难以了解儿童的理解程度和接受能力**。如果儿童私下向教师询问，情况又有所不同。如果女孩向教师询问性知识，教师应该如实回答。

多关注儿童的兴趣和优势

以上都是关于教学管理方面的内容，有点偏离了我们的主题，让我们言归正传回到儿童教育的主题。通过询问儿童对什么科目感兴趣及发现他们会在哪些科目上取得成功，我们总会找到教育儿童的方法。一事成功百事顺，这在教育和人类生活的很多方面都是如此。换言之，如果儿童对某个科目感兴趣而且学得不错，在此激励下，他会继续去学好或者做好其他事情。教师应该将学生的成功作为帮助学生学习更多知识的基石。学生自己不知道如何做到这一点，也就是说他不知道如何依靠自己的力量提升自己。我们每个人从无知到懂得的过程中都会如此迷茫，此时教师的帮助至关重要。如果教师通过学生之前的成功激发他在其他事情上获得成功，学生很快就能领会到要点并予以合作。

以上寻找学生优势科目的方法也同样适用于儿童的感觉器官，我们可以利用儿童比较灵敏的感觉器官引发他对教学科目的兴趣。我们要弄清楚儿童最常使用的感觉器官是什么，什么样的感官刺激最吸引儿童，因为不同的孩子可能分别在视觉、听觉或者动作方面得到过良好的训练。近年来，所谓的实操学校逐渐兴起并受到青睐，它们运用合理的方法，将教学科目与眼、耳、手的训练结合起来。这些学校的成功揭示了利用儿童生理优势的重要性。

如果儿童擅长使用视觉，那他在地理等必须用到视觉的科目上的学习会比较轻松。对他来说，观察实物的学习效果要好于听一场讲座。这非常考验教师的洞察力，教师应具备这种洞察儿童的能力。在教师第一眼看到某个特殊儿童的时候，他就可以对儿童进行类似的观察，了解儿童在感觉方面的特点。

简而言之，理想的教师承担着神圣而令人陶醉的使命。他塑造了儿童的心灵，掌握着人类的未来。

将心理知识应用于教育

我们如何才能使理想变为现实？仅仅构建教育理想的空中楼阁是不行的，我们必须找到方法推进它们的实现。很久以前，我们就开始在维也纳寻找实现教育理想的途径，我们的结论是要在学校建立教育咨询诊所。

这些诊所的目的是将现代心理学知识应用于教育系统的服务中。诊所会定期举办咨询活动，这里的心理医生不仅懂心理学，还非常了解教师和家长的生活。他召集教师们带着问题儿童的棘手案例过来，并在会上与大家一起讨论。这些案例涉及懒惰、扰乱课堂、偷窃等。教师会先描述他的特殊案例，而心理医生根据他的经验和知识提出方法。大家一起讨论：问题的原因是什么？这种情况是什么时候开始的？我们应该做些什么？儿童的家庭生活和整个心理发展过程都会被大家进行讨论和分析。结合大家的集体智慧，小组会得出结论：我们该如何对待这个特殊的孩子。

在第二次会议中，儿童和他的母亲都会出现。小组制定出对母亲的干预方案后，首先会把母亲叫进来参与讨论。小组首先向母亲解释孩子出现问题的原因；接着母亲站在她的角度讲述儿童的表现；然后母亲和心理医生之间会开展讨论。一般来说，母亲会因为看到大家这么关心她的孩子而高兴，也乐意配合。如果这位母亲不友好、有敌对情绪，那么教师和心理医生会介绍其他类似的个案和其他母亲的情况，直到她的心理障碍消失。

在商定了对儿童的干预方案后，小组会把儿童叫进房间与教师和心理医生会面。心理医生会和儿童进行交谈，但不是谈他所犯的错误。**心理医生会用儿童能够理解的方式，客观地分析导致儿童没有正常发展的问题、原因和想法**。心理医生会向儿童解释为何他会感到被忽略，觉得其他孩子受偏爱，他如何对成功失去了希望等。

这种方法已经被用了将近15年，在这项工作中受到训练的教师都相当开心，也没有想过要放弃这项已开展了4年、6年甚至8年的工作。

对于儿童来说，他们在这项工作中有两方面的获益：那些最初有问题的儿童完全康复了，他们习得了合作的精神，也获得了勇气和信心；其他没有来教育指导诊所的儿童也同样获益。如果班级有出现问题的兆头，教师可以提议孩子们开诚布公地对问题进行讨论。当然，教师要对讨论进行引导，使孩子参与其中并有充分的机会表达自己。他们开始分析问题的原因，例如为何会懒惰。经过讨论，孩子们会得出某个结论，而并不知道自己是主角的懒惰孩子也会从讨论中受益良多。

以上情况说明心理学和教育学有实现融合的可能性。心理学和教育学是同一现实和同一问题的不同方面。要引导心理，我们首先要了解心理的工作原理，而了解心理及其工作原理之后，我们又忍不住用知识来引导心灵达到更高和更普遍的目标，也就是将心理知识用于教育。

第11章

外在环境对儿童的影响不容忽视

家庭经济状况是影响儿童成长的重要因素

个体心理学的心理观和教育观非常宽泛，并没有忽略“外界的影响”。而传统内省心理学的内容比较狭隘，完全忽略环境对心理的作用，为了对这一学说进行补充，冯特（Wundt）认为有必要建立一门新的科学：社会心理学。但个体心理学认为没有这个必要，因为个体心理学既关注个体也关注社会。它不会一味强调个体心理而忽略对心理产生刺激的外部环境，也不会一味强调外部环境而忽视个体心理的特殊性。

父母或教师都不应该将自己视为唯一对儿童产生影响的教育者。外界影响会波及儿童的内心，直接或间接地影响儿童。例如，外界会影响父母使其形成某种心理状态，父母的心态会进而影响孩子。这一切无法避免，因而必须将外界的影响考虑在内。

首先，教育者要考虑的因素是家庭的经济状况。例如，我们要记住，有些家庭世世代代生活在窘迫的环境中，他们带着痛苦和悲伤一代代继续挣扎。这种痛苦和悲伤对他们影响至深，以至于他们无法教育孩子树立健康、合作的态度。他们生活在人类难以想象的极限地带，在那里人们无法一起合作共事，因为他们总是处于恐慌之中。

如果一个家庭曾经很富裕，但是后来遭遇变故而家道中落，这明显是个容易影响儿童心理的情境，尤其当这种好光景出现在儿童年幼时，变故对儿童的影响更大。被宠坏的儿童最难适应这样的情境，因为他并没有为此做好准备，在这样的情境下，他再也不能像以前那样得到关注。他怀念以前的种种好处，并心生抱怨。

如果一个家庭突然变得富裕起来，这也会给儿童的教育带来困难。因为父母还没准备好如何正确使用自己的财产，他们特别容易在孩子身上犯错误。他们想给孩子一段美好的时光，想宠着孩子、惯着孩子，因为他们感觉再也不需要在任何事情上节省了。因此，我们经常在新富家庭中发现问题儿童。

疾病是儿童滋生心理问题的“危险角落”

除了经济状况对儿童发展的影响，还有父母因不了解生理卫生知识给儿童带来的影响。这种不了解和父母的羞怯、溺爱有很大关系。父母希望处处宠爱孩子，生怕他们有丝毫痛苦，不希望孩子过早知晓真相。有时候他们又很粗心，例如他们会以为儿童的脊柱弯曲会随着年纪的增长而自然恢复，因此没有及时带孩子去看医生。这一行为大错特错，尤其在医疗服务很便利的城市更不应该出现这种错误。如果糟糕的身体状况没有得到及时的改善，这会导致严重和危险的疾病，进而给孩子留下糟糕的心理阴影。**所有疾病都是滋生心理问题的“危险角落”，要尽可能避免**。

如果无法避开这样的“危险角落”，我们可以通过培养儿童的勇气和信心，增强他们的社会意识，以降低这些“角落”的危险性。实际上，只有在儿童缺乏社会意识的情况下，儿童的心理才会受到疾病的影响。

我们要帮助儿童认识到自己是社会整体的一部分，如果儿童在这种教育理念下长大，他就不会像被宠坏的儿童一样被危险的疾病侵蚀心灵。

翻看个案的心理病史，我们发现他们的心理问题通常始于患上百日咳、脑炎、舞蹈病等疾病之后。有人认为是疾病导致了心理问题的出现。实际上，它们只是引发问题的催化剂，显露了儿童背后的性格缺陷。

儿童在生病期间备受关爱，这让他感受到自己拥有可以掌控家人的力量。生病时，他看到了父母的害怕和焦虑，知道他们的情绪都是因为自己。病好之后，为了继续成为关注的焦点，他想方设法用自己的想法和要求来控制父母。当然，这只发生在没有经过社会化训练的孩子身上，他只是在寻找机会实现自己的个人追求。

有趣的是，有时疾病刚好又是儿童改善性格的机会。我们曾经遇到一个男孩，他是一位教师的第二个孩子。这位教师很关心这个孩子，但是不知道如何处理孩子的问题。这个孩子有时候会离家出走，是学校班级里表现最差的学生。一天，正当父亲准备将他送往少年管教所的时候，他被发现患上了髋关节结核。这种疾病需要父母长期不断的照顾。当男孩最后康复时，他成了家里表现最好的孩子。

这位男孩所需要的正是父母的额外关注，而这次生病正好满足了他的需要。他以前不听话是因为他有个很聪明的哥哥，他感觉自己总是生活在哥哥的阴影之下。因为他不能像哥哥那样得到赏识，他只能通过各种方式进行抗争。但是疾病让他相信，他也可以像哥哥那样得到父母的关注和欣赏，最终他习得了良好的行为习惯。

关于疾病，还有一点我们需要特别注意，那就是儿童对他们所经历过的疾病记忆深刻。他们发现原来还有疾病和死亡这样的事情存在，他们为此感到震惊和害怕。这些留在他们脑海的印记会在将来的生活中呈现出来，他们长大以后非常关注疾病和死亡。其中一部分人将他们对疾病的关注用对了地方，成了医生或者护士。但更多人总是战战兢兢，疾病成了他们的困扰，影响了他们的正常工作。曾经有人对100名女孩的传记进行了研究，里面将近50%的人承认他们生命中最大的恐惧是疾病和死亡。

因而父母要留意，不要让童年的疾病对孩子心理产生太大影响。父母应该提前帮助孩子做好心理准备，以使他们面对疾病时不会受到突然的冲击。他们应该给孩子传导这样的理念：**生命有限，但是足够让我们活得精彩、有价值**。

任何人都不能干涉父母的教育方式

儿童生活的另一个“危险角落”就是与祖父母、亲戚和陌生人会面。这里容易出现问题的原因是这些人并不是真正对孩子感兴趣。他们只是想在短时间内逗孩子开心或者吸引孩子的注意。他们拼命表扬孩子，导致孩子变得自负起来。在这短短的时间里，他们设法骄纵孩子，给平时照顾和管教孩子的人带来了麻烦。这些情况都应该被避免。任何陌生人都不应该干涉父母的教育方式。

儿童总会遇到各种亲戚，首先就是他们的祖父母。我们必须不偏不倚地评判祖父母的困难和处境。在我们的文化中，祖父母的地位非常尴尬和不幸。随着年龄的增长，人们应该有拓展的空间，有更多的活动和兴趣。但是在我们的社会刚好相反，老人感觉自己被抛弃了，或者说他们感觉被遗忘在社会的角落。这是一种遗憾，因为如果他们还有机会工作和努力，他们会有更多的成就并获得更多的快乐。

这会带来什么后果呢？我们对待老人的错误方式对孩子产生了意想不到的影响。**祖父母总是试图证明自己还有存在的价值，其实他们根本就不需要证明。但为了证明这一点，他们总是干涉孙辈的教育，极度溺爱孩子**。

我们不能伤害这些善良老人的感情。但是，除了给老人提供更多的活动机会，我们也要让他们了解儿童具有独立人格，他们需要独立成长，不应该成为别人的玩物。**儿童不应该成为家庭纷争的牺牲品，如果老人和孩子的父母发生了争执，无论输赢，都不要让孩子卷进来**。

在研究心理病人的生平时，我们经常发现他们是祖父或者祖母最喜欢的孩子。由此可见，这是导致他们童年出现问题的原因。他们的得宠要么导致自己被宠坏，要么引发其他孩子的竞争和嫉妒。同样，不少孩子对自己说："我是爷爷最喜欢的孩子。"当这样的孩子不能成为别人最喜欢的人时，他会因此受到伤害。

家庭环境影响儿童社会意识的发展

家庭环境对孩子的成长很重要，因为它向儿童展示了家庭参与社会生活的程度。换句话说，它给儿童提供了关于合作的第一印象。有些家庭很少与人来往，在这种家庭成长的儿童将家人和外人分得清清楚楚。他们感觉自己的家和外界之间筑着一道鸿沟，他们对外界充满了敌意。**缺乏人际交往的家庭生活难以促进儿童社会关系的建立，它会使儿童变得疑心重重，只关心自己的利益，阻碍了儿童的社会意识发展**。

在儿童3岁前，父母就应该帮助他为以后的社交做准备，可以鼓励他与孩子们一起游戏，这样在面对陌生人的时候才不会感到害怕。缺乏社交准备的儿童会变得害羞和难为情，容易对他人产生敌意。一般来说，这种特质在受溺爱的儿童身上比较常见，他们总想“排挤”他人。

如果父母可以早早花时间避免和纠正这些问题，他们和孩子日后都可以省去很多麻烦。如果儿童在3~4岁之前得到良好的成长教育，父母积极训练他和别人玩耍并培养他的集体意识，他不仅不会变得害羞和以自我为中心，以后也不会患上神经症或者变得精神错乱。**神经症和精神错乱只出现在不与人交往的人身上，他们对别人不感兴趣，没有习得与人合作的正确技巧**。

儿童还会受到不正常的心理环境的影响，例如家庭环境引发的心理歧视。这些歧视可能是由个人行为引起的，例如父亲或者母亲在社会上做了不光彩的事情。这种情况下，孩子的内心会受到极大的影响，他会在害怕和恐惧中面对未来，他躲避自己的同伴，害怕别人发现自己的父母原来是这样的人。

父母的责任不仅仅是为孩子提供阅读、写作和算术等受教育的机会，他们还有责任为孩子的心理发展提供适当的环境，这样孩子才不用比其他孩子承受更多的困难。因此，如果一位父亲是酒鬼或者脾气暴躁，他一定要记得这会对孩子产生影响。如果家庭婚姻不幸福，丈夫和妻子经常吵架，那么承受后果的还是孩子。

这些童年经历就像铭文一样深深地刻在儿童的灵魂深处，他不会轻易忘记这些经历。当然，如果他拥有丰富的社会情感，学会与人合作，就能够消除这些影响。不过，正是这些不幸的情境妨碍了儿童从父母那里得到训练。这正是近年来各学校步调一致地兴建儿童教育咨询诊所的原因。如果家长因为某种原因没有尽到自己的责任，那么他的责任必须由一名受过心理学训练的教师接手，由这位教师指导孩子走向更加健康的生活。

帮助儿童选择合适的玩具和读物

在圣诞节或其他玩具泛滥的节日里，父母要特别留意儿童收到的玩具和游戏。父母要杜绝武器和战争游戏，以及崇尚战斗英雄和战争的书籍。

说到如何选择合适的玩具，可说的有很多，但主要原则就是：**我们应该选择可以刺激儿童进行合作和有教育意义的玩具**。儿童可以自己动手和进行构造的游戏要比现成的玩具更有价值，后者不需要儿童动手创作，例如洋娃娃或者仿真狗，这种玩具只需要儿童抚弄一下，缺乏主动构建的过程。说到动物，我们顺便提一句，我们应该教导儿童不要把动物看成玩具，或者把和动物相处看成游戏，我们应该教导他们把动物看成人类的同伴。告诉他们不用害怕动物，也不要随便使唤或者残忍地对待它们。当儿童有虐待动物的行为时，他可能有很强的控制欲，喜欢欺凌比他们弱小的儿童。如果家里有鸟、狗、猫等动物，我们应该教导儿童把它们看成和人类类似的生灵，它们也会有感觉，也会感到痛苦。与动物建立恰当的友谊，可以为儿童将来的人类社会合作做准备。

我们应该给孩子读什么样的书？我们应该怎样处理童话故事？在这些问题上，我们往往忽略了两个事实：儿童与成人理解事物的方式完全不同；每个孩子都根据自己的兴趣来理解事物。如果他是胆小的孩子，他会在童话中找到认可胆小这一特质的内容，这样他就无法摆脱胆小的特质，他会一直害怕危险。因此，**我们需要给童话故事附上评论和解释，这样孩子才能了解故事原来的意图，而不是任凭儿童自己主观想象、胡乱猜测**。

童话故事当然是令人愉快的读物，甚至成人都能从中获益。但是，有一点我们需要帮助儿童进行修正，那就是儿童对某些年代和地方比较陌生和不了解，容易产生距离感。儿童很少能理解年代之间的差异和文化之间的差异。如果他们所读的童话故事创作于与现在完全不同的年代，他们很难理解时代观点的差异。有时故事里总会出现一位王子，经过故事的赞颂和美化，王子的人物形象非常迷人。作者虚构了理想化的情境，而这些情境在现实中当然不会出现，这种创作适用于需要崇拜君主的时代。我们应该将这些情况告知孩子。另外，我们也应该将魔术背后的假象告知儿童，否则他们在成长过程中总是寻找解决问题的捷径。有位12岁的男孩，当别人问他想成为什么样的人时，他说：“我想成为魔术师。”

如果我们给童话故事配上正确的解读，它可以成为培养儿童合作意识、扩大儿童视野的媒介。谈到电影，如果我们带1岁的孩子去看电影不会给孩子带来什么危害，但是大一点的孩子总是会误解影片。即使是童话戏剧也经常被他们误解。曾经有个4岁的孩子看了一部童话戏剧，多年以后他依然相信世界上有贩卖毒苹果的女人。**很多孩子不能正确理解电影的主题，他们常常以偏概全。所以要由父母给孩子进行解释，直到父母确认孩子已经正确理解为止。**

报纸也是一种外界影响，而这种影响是可以避免的。报纸往往是写给大人看的，它并没有从儿童的角度看待问题。某些地方有专门为儿童发行的报纸，这种做法很好。但是对于一般的报纸来说，它所报道的生活消极的一面，歪曲了生活的全貌，会给没有心理准备的孩子带来冲击，会使孩子以为我们的生活中充满了凶杀、犯罪和意外事故。

对于小孩子来说，报纸对意外事故的报道特别令人沮丧。当我们与一些成人交谈时，可以从他们的话语中推测他们童年时有多害怕火，而这种害怕又如何一直困扰着他们，这都是外界的消极影响所致。

儿童也有对相貌的执着追求

还有一类亲戚在儿童的生活中扮演了非常重要的角色，这就是“聪明的表亲们”，儿童会视他们为讨厌鬼。有时候这些表亲不仅聪明还很漂亮，如果儿童不断被提醒他有一个聪明而漂亮的表亲，可想而知这会给儿童带来多大的烦恼。如果儿童有足够的信心和社会情感，他会明白那些聪明的孩子只不过是受到了良好的训练，他也可以想办法迎头赶上。但如果他相信聪明与生俱来（这种情况时有发生），那么他会因此感到自卑，认为命运不公，这样他的整个发展都会受到阻碍。

我们的社会文化太注重相貌了，由此带来的弊端在儿童的生活方式中显露无遗。如果他想着自己有位漂亮的表亲，内心备受煎熬，他的生活方式自然不会太健康。即使20年过去了，人们依然会清楚地记得童年时对漂亮表亲的嫉妒。我们的社会过于注重相貌，要使儿童免受这种社会风气的侵害，唯一的方法就是教导儿童认识到身心健康和社交能力比相貌更重要。无可否认，美是有价值的，我们也希望自己样貌好看。但价值是多元的，在任何理性的规划中，我们都不应该只考虑单一价值，并将这单一价值作为最高目标，忽略对其他价值的追求。

对于相貌也是如此：要拥有理性、良好的生活，只有相貌是不够的。以例为证：犯罪分子中不乏相貌出色之人，他们知道自己有着英俊的样貌，以为什么事情都能唾手可得。因而，他们没有为生活好好做准备。但是没多久他们就会发现，不付出努力根本无法解决问题，因而他们选择了最容易走的路，也就是走上犯罪道路。正如诗人维吉尔所说："下地狱很容易。"

家长和教育者在教育儿童时必须考虑外界的影响，以上只是我们精选出来的一小部分例子。但这些都是最重要的外界影响，在这些例子中，我们也介绍了如何应对外界影响的一般原则。个体心理学家一次又一次地提出了两个关键词："社会情感"和"信心"。跟其他问题的应对方式一样，这两个关键词在这里也同样适用。

第12章

至关重要的青春期和性教育

青春期最能体现一个人的生活风格

市面上关于青春期的书很多，说明这一主题确实很重要，但人们的认识并不一定正确。青少年的特点不尽相同，这一阶段的孩子表现各异，有努力进取的孩子、笨手笨脚的孩子、穿着整洁的孩子、四处晃荡且脏兮兮的孩子等。有趣的是，有些成人甚至老人的行为举止也像青少年。从个体心理学的角度来看，这种现象并不奇怪，这说明这些成人在某个阶段的发展有所停滞。对于个体心理学来说，青春期只是每个个体必经的发展阶段。我们认为任何一个发展阶段或者任何一种情境都不可能改变一个人。但青春期也同样是块试金石，跟新环境一样，它可以揭示个体在童年发展出来的性格特征。

举个例子，假设儿童在父母严密看管和照顾的童年中长大，他没有任何自主的权利，也没有表达需求的机会，那么到了生理和心理都迅猛发展的青春期，这种儿童的行为表现就如同野马脱了缰。有些儿童会很快取得进步，人格也会沿着健康的路线发展，而另一些儿童则停下来往回看，他们只顾着回顾过去、怀念过往而找不到当下正确的出路。他们对生活失去了兴趣，变得沉默寡言。这并不意味着他们想在青春期释放在童年受到的压抑，相反，他们是因为童年时受到过度溺爱，被剥夺了为生活做好准备的机会。

在青春期，我们可以比以往任何阶段更能看清个体的生活风格，因为青春期比儿童期更接近真实的生活。我们可以更好地看到他对待科学的态度，他是否容易结交朋友，是否对社交感兴趣。

有时候个体不但有社交兴趣，而且他表现社交兴趣的方式还特别夸张。我们曾经遇到一些内心失衡的青少年，他们恨不得为他人献出自己的生命。他们在社交上矫枉过正，严重阻碍了自己的发展。**我们知道，如果个体真的对别人感兴趣，想为民众做事，他首先要照顾好自己**。如果他真的想为社会做贡献，首先他自己要有可贡献的东西。

另一方面，很多14~20岁之间的青少年完全没有社交能力。14岁的时候，他们就离开学校，与所有旧同伴失去了联系。他们需要很长的时间才能建立新的关系，在此期间，他们感觉完全与人隔绝，非常孤单。

接下来我们讨论一下职业问题。在这里青少年再次遇到试金石，职业问题会显露他之前的生活态度。我们会发现部分年轻人变得非常独立，工作相当出色。他们的表现证明他们正走在正确的发展道路上。而另外一些年轻人会在这一阶段停滞不前，他们找不到合适的工作，总是不断转换学校或者工作，否则他们就会无所事事，根本不想工作。

这些症状都不是青春期才出现的，只是在这一阶段才更清晰地浮出水面。在青春期，孩子有更多独立展现自己的机会，而以前他要受到大人的看管、监督和限制。如果人们真的了解某个孩子，他们完全可以预测孩子在青春期会如何表现。

我们来讨论一下个体生活的第三个基本问题：恋爱和婚姻。青少年对这个问题的回答会揭示他的哪些人格特征？这同样和青春期之前的心理准备有关，只不过青春期的心理活动显著增多，答案会更加清晰地浮现出来。有些青少年对自己的行为非常自信，他们对待恋爱问题要么很浪漫，要么非常有勇气。无论如何，他们对待异性的行为都在合理的范围内。

另一些极端的个体对待两性问题时极度害羞。现在他们已经相当接近成人的生活了，但他们仍表现出对此准备不足。**个体青春期的人格表现可以帮助我们对他们将来的行为做出可靠的判断**。如果我们希望改变个体将来的生活，我们必须采取相应的措施。

如果青少年在青春期表现得非常抗拒异性，他小时候可能比较好斗。他可能因为别的孩子更受偏爱而心生沮丧。结果他认为自己必须勇往直前，必须傲视一切，拒绝一切感情的召唤。可见，个体如何看待两性问题反映了他的童年经历。

青春期孩子不良行为的成因

青春期的孩子通常渴望远离家门。这可能因为孩子对自己的家庭环境从来没有满意过，他渴望得到首次打破家庭枷锁的机会。他不想再接受家庭的支持，尽管这样对自己和对父母都是最有利的。如果没有家庭的支持，一旦儿童出现什么差错，他会认为是缺乏父母的帮助才导致了失败。

留在家里的孩子也有同样的离家倾向，只是程度要小一些，他们会想方设法在外面过夜。当然，在夜里出去找乐子要比静静待在家里更有诱惑力。但这种行为无形中在表达儿童对家庭的控诉，表明儿童在家里感觉到不自由，他们总是受到看管和监管，没有自我表达和发现错误的机会。青春期是开始这些反抗行为的危险阶段。

在青春期，不少孩子强烈感觉到自己受到的关注突然没有以前多了。因为他们以前在学校里是好学生，得到了教师的高度赞赏，而在他们突然到了一个新学校、新的社会环境或新的工作岗位后，情况会有所不同。我们知道，学校里最好的学生往往到了青春期就不再是最好的了。他们似乎发生了变化，但实际上他们并没有变，只是新环境要比旧环境更能让他们的性格特征显现。

预防青春期问题的最好办法就是培养友谊。孩子们应该与别人成为好朋友、好伙伴。这里的别人不仅包括家人，还包括家庭外的人。家庭应该是一个整体，家人应该彼此信任。儿童也应该相信他的父母和教师。事实上，只有被儿童信任的家长和教师才能继续对青春期的儿童进行引导，这类家长和教师一直以来都是儿童的伙伴，能够理解儿童内心的想法。其他不理解孩子的家长或者教师会立即被青春期的孩子拒之门外，孩子不会向他们透漏任何秘密，而且会将他们视为完全的局外人甚至敌人。

一些青春期的女孩开始表现出对女性角色的厌恶，她们会模仿男孩的行为举止。毫无疑问，模仿青春期男孩的恶习相当容易，例如抽烟、喝酒和加入帮派，这些要比努力工作轻松多了。这些女孩还误认为，如果她们不学男孩的这些行为，男孩们就不会对她们产生兴趣。青春期的女孩会出现这种男性钦羡的表现，这些出现问题的女孩从童年早期开始就不喜欢自己的女性角色。只不过她一直将这种不喜欢隐藏起来，直到青春期才明显表露出来。可见观察青春期女孩的行为非常重要，只有这样，我们才能知道她们如何看待自己将来的性别角色。

青春期的男孩喜欢扮演非常睿智、勇敢和自信的男性角色。但有些男孩害怕面对自己的问题，不相信自己能够成为不折不扣的真正男人。如果以前他们接受的男性角色教育有任何缺陷，这个时候就会显露无疑。他们会让自己表现得很柔弱，他们喜欢像女孩一样行事，他们甚至模仿女孩的恶习，例如卖弄风情、搔首弄姿。

与男孩的这种极端女性化相比，我们同样发现有些男孩过于追求男性化特征，这会使男孩出现极端的恶行。他们会酗酒和纵欲，为了显示自己的男子气概，他们甚至开始犯罪。那些想显示自己很厉害、想成为领导者和想在同伴中引起轰动的男孩容易出现以上恶行。

尽管这种类型的男孩看起来胆大妄为、野心勃勃，但实际上他们内心胆小懦弱。如果我们对他们的生涯历程进行研究，我们会发现他们总想过轻松的生活，总想寻找轻松获得成功的捷径。这些人精力充沛但是没有足够的勇气和信心，这正是犯罪潜质的最佳组合。

有些青春期的孩子开始第一次打他们的父母。如果我们没有探究他们行为所隐藏的一致性，我们会以为孩子突然发生了改变。但如果我们细细研究以前发生的事情，我们会意识到个体的性格其实相当一致，只是现在他有了更多的能力和实施行动的机会。

我们需要考虑的另一点是，**青春期的孩子都觉得自己面临考验，他必须证明自己不再是个孩子**。这当然是一种危险的感觉，因为每当我们认为自己必须证明某些事情时，我们往往用力过猛。这些想要证明自己的孩子同样如此。

这实际上是青春期最突出的症状。解决方法就是向这些年轻人解释：他不必证明自己不再是个孩子，没有人需要他们的证明。将这一点告知他们，他们也许可以避免做出以上的脱轨行为。

有些女孩倾向于夸大自己与男性之间的关系，也就是俗称的“犯花痴”。这类女孩总是与母亲抗争，总是觉得自己受到了压制（也有可能真的受到了压制）。为了激怒她的母亲，她会和她遇到任何的男性搭上关系。如果她的母亲发现后表现非常痛苦，她会相当开心。不少女孩因为和父母吵架，或者家里管教太严厉而离家出走后，会与男人发生第一次性关系。

讽刺的是，父母为了让女儿变成好女孩而对她进行严厉管制，结果因为父母缺乏洞察力，她反而变坏了。但错不在女孩，而在她的父母，因为他们没有恰当地帮助女孩为必须面对的情境做好准备。他们在青春期前对女孩过度保护，没有协助女孩发展出必要的判断力和自立能力以抵挡青春期所遇到的诱惑。

有些女孩的问题并没有在青春期出现，而是在青春期之后或者在婚姻中出现，但原理是一样的。只是这些女孩足够幸运，没有在青春期遇到糟糕的情境。但对于没做好准备的女孩来说，糟糕的情况迟早会出现，所以我们有必要为此做好准备。

我们可以引用一个案例来具体说明女孩在青春期出现的问题。案例中的女孩15岁，来自一个非常贫困的家庭。不幸的是，她有一位总是得病的哥哥，母亲不得不全心全意照顾他。女孩在很早的时候就注意到她得到的关注与哥哥不一样。更加复杂的是她一出生爸爸就病了，妈妈既要照顾爸爸，还要照顾哥哥。爸爸和哥哥给女孩做了双重示范：什么是被照顾和得到关注。得到别人的照顾和欣赏成了女孩热切的渴望。她在家庭的小圈子里找不到这种欣赏，尤其是她的妹妹很快降生于这个家庭，将她仅有的一点点关注也剥夺走。就像命中注定一样，她妹妹出生时，父亲病愈了，因而妹妹比她自己在婴儿时期得到的关注要多。孩子对这些事情很敏感，对这一切了然于心。

女孩在学校很努力地学习，以此弥补没有在家里得到的关注。她努力使自己成为班上最好的学生。因为她表现如此优秀，有人提议她继续学习升入高中。但当她进入高中时，情况发生了变化。她的学习不是很好，原因是新的教师不了解她，也不赏识她。就她而言，她最渴望的就是别人欣赏自己，但现在她不但在家里没人欣赏，在学校也是如此。那么，她必须在别的地方获得别人的欣赏，因而她在外面找了一个可以欣赏自己的男人，并和他同居了两周。很快，男人便厌倦了她。我们可以料想会发生些什么，她会意识到原来这不是自己想要的欣赏。同时，她的家人心急如焚，开始到处找她。某天他们收到了她的来信：“我服毒了。不要担心——我很快乐。”在追求快乐和赏识的梦想破灭后，很明显，自杀是她的下一个想法。尽管如此，她并没有实施自杀，她只是用自杀来吓唬父母，想借此获得父母的原谅。她继续在街上晃荡，直到她的母亲发现并将她带回家。

如果女孩像我们一样，知道她的整个人生都是为了努力得到赏识而活着，那么所有的一切就不会发生了。而且，如果高中的教师知道女孩学习一直很好，她所需要的只是一定程度的赞赏，那么这悲剧同样不会发生。在这一连串的情况中，只要在任何一点上女孩能得到恰当的对待，她都不至于崩溃。这就引出了性教育的问题。

正确的性教育

在当代，性教育的主题被过分夸大，甚至可以说人们对待性教育的问题过于疯狂了。他们希望在每个年龄段都进行性教育，他们夸大了性无知的危险。但如果我们回顾我们的过去，再看看别人的过去，我们并没有看到存在如此巨大的危险。

根据以往的研究，**个体心理学认为2岁的孩子就应该了解自己的性别**。在这个年龄我们还应该向他们解释：他们的性别永远也不会改变，男孩长大后会成为男人，女孩长大后会成为女人。如果我们能做到这一点，即使儿童在其他知识上有所欠缺也不会带来太多危险。如果家庭教育能教会小孩：女孩和男孩受教育的方式不一样，女孩不能像男孩那样受教育，男孩也不能像女孩那样被教育，那么儿童的性别角色就会在他的脑海里固化，进而发展出正常的行为举止，为自己的性别角色做好准备。如果他相信通过某种手段可以改变自己的性别，那么麻烦就来了。

如果父母总是表达希望改变儿童的性别，也会带来麻烦。在《孤寂深渊》（*The Well of Lone liness*）这一优秀的文学作品中，作者对这种情景进行了描述。经常有父母喜欢把女孩当成男孩来教育，把男孩当成女孩来教育。他们会给孩子穿上异性的衣服，然后给他们拍照。还有些女孩看起来特别像男孩，周围的人也误以为她是个男孩，于是人们说话时把她当成男孩来看待。这可能会给女孩带来极大的混乱，而这完全可以避免。

我们要避免在性别讨论中贬低女性、抬高男性。我们应该让儿童明白男女平等，两者都有存在的价值。这点很重要，这不仅可以防止被贬低的女性产生自卑情结，还可以防止对男孩产生不好的影响。如果男孩感觉自己的性别更有优势，他们会将女性物化，认为女性只是满足自己欲望的对象。如果他们明白两性平等，明白自己未来的责任，他们就不会以丑陋的目光来看待两性关系。

换言之，性教育的真正问题不单单包括向儿童解释两性关系的生理知识，还包括帮助儿童树立正确的恋爱态度和婚姻态度，这与社会适应问题密切相关。如果儿童不能根据社会的要求进行自我调整，他会拿性话题开玩笑，完全从自我为中心的角度看问题。这种情况经常发生，反映了我们社会文化的缺陷。女性一定会因此遭受痛苦，因为在我们的文化里，男性很容易占据领导位置，拥有权力优势。但男性同样也会遭受痛苦，因为在这种虚拟的优越感下，他忽略了人的根本价值。

关于性教育的生理知识，我们没有必要太早让儿童接受。我们可以等孩子开始好奇、想了解某些事情时再开始。如果孩子很害羞不敢问这方面的问题，关心和了解孩子的父母也会知道何时大人该主动提起。

如果孩子把父母当成朋友，他自己也会提问，这时父母应该以孩子能理解的恰当方式给出答案。在回答时，我们要避免给出会刺激儿童性冲动的答案。

我们不需要为儿童过早表现出本能的性冲动感到担心。**儿童的性发育早在生命的前几周就已经开始**。毋庸置疑，婴儿已经可以体验到性快感，有时他会自己刺激可以引起性快感的部位。当我们看到儿童出现这些行为时无须惊慌，我们要尽力阻止这些行为，但要尽量表现得风轻云淡，不能让孩子看出来我们对此特别重视。如果孩子发现我们为此感到担忧，他反而会故意继续这么做以获得关注。正是这种行为让我们以为他是性冲动的受害者，而实际上他只是利用这个习惯作为引人注意的工具。通常，小孩子会通过抚弄自己的生殖器官来获得关注，因为他们知道父母会为此担忧。这种心理几乎和儿童装病一样，他们知道自己生病的时候会得到更多的宠爱和欣赏。

我们不应该过多地亲吻和抚摸儿童，对他们的身体产生刺激。尤其在儿童的青春期，这是一件很残忍的事情。我们也不应该用性主题的内容对儿童的心理进行刺激。儿童在父亲的书房里发现轻佻图片的事情时有发生，我们在心理诊所里经常听到这样的案例。儿童不应该接触描述性事的书籍，这超出了他们年龄的承受范围。我们也不应该带他们去看含有性主题的电影。

如果可以避免以上各种过早的刺激，我们就不必如此担忧。我们只需要在适当的时候说几句简单的话，要表现得平心静气，以一种真实而简单的方式给出答案。**最重要的是，如果我们想一直赢得儿童的信任，**

永远也不要对他们撒谎。如果儿童信任父母，他们会选择相信父母的解释，他从同伴那里听来的解释就会大打折扣，要知道人们大概90%的性知识都是来自同伴。父母在回答关于性方面的问题时，合作、友好的方式要比百般推托、闪烁其词的做法重要得多。

如果儿童有过多的性经历，或者过早有性经历，他们长大后往往会回避性生活。所以最好避免让儿童看到父母做爱。如果有可能的话，孩子和父母不应该睡在同一个房间里，当然也不应该睡在同一张床上。同理，兄妹或者姐弟也不应该睡在同一个房间里。父母要随时留心观察儿童的行为是否得当，也要留意外界的影响。

以上就是性教育中最重要的几项内容。我们看到，性教育与其他方面的教育一样，最重要的是在家庭里建立合作、友好的氛围。在合作的家庭氛围下，儿童可以及早了解自己的性别角色并建立两性平等的观念，为将来可能遇到的危险做好充足的准备。最重要的是，他已经准备好以健康的方式承担自己的责任。

第13章

多给孩子面对困难的勇气和信心

对孩子来说，最重要的是教育而不是天赋

在教育孩子的过程中，家长或者教师不要因为遇到问题就轻易泄气。我们不能因为付出的努力没有收到立竿见影的效果就变得绝望，不能因为孩子垂头丧气、缺乏兴趣或者极端被动就断言孩子注定失败，也不能让自己被天赋早注定的遗传论所影响。**个体心理学认为，我们应该努力给孩子更多的勇气和信心，教导他们不要将困难视为不可逾越的障碍，而是将它们视为需要面对和克服的问题，以此激发他们的心理潜能**。努力不一定有收获，但是也有很多成功的案例足以补偿我们的缺憾。下面就是一个通过努力获得成功的案例。

这是一个12岁的男孩，就读于小学6年级。他的成绩很差，但他毫不在乎。他有着非常不幸的过去，因为患有佝偻病，他到了3岁才会走路。快到4岁时，他才会说很少的话。到了4岁，他的母亲带他去看心理医生，但心理医生认为康复的希望很渺茫。他的母亲并不相信，她将

孩子放到一家儿童心理辅导中心，但孩子并没有取得多少进步。男孩在6岁时开始了学校生活。在入学的头两年，他在家里接受了额外的辅导，所以他可以通过学校的考试。他还设法完成了3年级和4年级的学业。

这个男孩在学校的表现是这样的：他很懒惰，并以此引起别人的关注，他抱怨自己难以集中注意力，也不能专心听讲。他与同学相处不融洽，经常受到同学们的嘲笑。他总是显得自己比别人弱一点。在这么多的同学中，他只有一个朋友，他非常喜欢这个朋友，两人有时会一起去散步。他觉得其他孩子都很讨人厌，无法和他们建立关系。教师抱怨他的算术不好，也不擅长写作，尽管如此，教师还是相信他可以在学习上获得与其他人一样的成绩。

根据男孩过去的经历和他现在的能力发展，很明显男孩接受的治疗并没有基于正确的诊断。这是一个有强烈自卑感的孩子，简而言之就是他有自卑情结。男孩有个哥哥，各方面都很不错。他父母甚至宣称他哥哥不用学习都可以考进高中。如果父母喜欢夸耀自己的孩子不需要学习就有好成绩，那么他们的孩子也会这么吹嘘。但毫无疑问，不学习是不可能学到东西的，最大的可能是这位哥哥已经训练自己在课堂上就完成大部分学习：他能够专心听讲，在学校就把看到和听到的内容都消化并记在了脑海里。而那些在学校没有专心学习的孩子就不得不在家里继续学习。

这两个孩子差别太大了，以至于弟弟不得不生活在压抑中，认为自己不如哥哥能干，远没有哥哥有价值。他可能经常从妈妈嘴里听到这些评价，而哥哥也经常叫他傻瓜或者白痴。摆在我们眼前的结果是：他认为自己活得不如别人有价值。生活似乎也印证了他的想法：他的同学看不起他并对他百般嘲笑，他的作业错漏百出，他认为自己缺乏专注力。任何一个困难都足以把他吓倒，结果教师还时不时说他不该进入这个班级或者学校。难怪最终男孩会相信自己不可能走出困境，他深信别人对他的看法是正确的。**如果一个孩子灰心到对未来都失去了信心，这真的非常可悲**。

我们试图用愉快的方式和男孩开始聊天，在此过程中我们很容易看出男孩完全丧失了信心，不是因为他颤抖的身子和苍白的脸色，而是因为一个很值得关注的小细节。当我们问他多大时（我们知道他12岁），他回答："11岁。"我们不应该将这样的回答看成偶然的口误，因为绝大多数孩子都知道自己的确切年龄。这样的错误是有潜在原因的，有很多迹象可以帮助我们弄清楚这一点。结合他的回答，我们仔细回想儿童的各种经历，我们感觉他总是试图重温过去，想回到比现在更弱、更小、更需要帮助的过去。

用理解的眼光分析行为倒退的男孩

继续以上一节的男孩为例，根据分析结果，我们可以重构男孩的人格系统。他没有像同龄人一样完成既定的任务并获得正常的发展，反而在行为上表现得不如别人，难以与别人进行竞争，他心里似乎也是这么想的。把自己年龄说小的举动正好体现了他感觉落后于人的心理状态。虽然他回答“11岁”，但实际上他的心理状态和行为表现可能连5岁的孩子都不如。他非常确信自己能力不如人，以至于他试图使自己所有的行为都符合这种假想的落后。

他白天仍会尿裤子，无法自如地控制自己的大小便。如果儿童相信或希望自己仍然是婴儿，这些症状就会出现。这证实了我们的分析：男孩想留在过去，如果可能的话，他希望时光倒转。

男孩家里有位保姆，她在男孩出生前就已经来到这个家庭。她对男孩充满了爱心，只要有可能，她就取代男孩母亲的位置，充当男孩的后盾。我们就此可以得出进一步的结论：男孩的生活被照料得很好。我们还知道他早上不喜欢早起，他需要花很长时间才能从床上起来，他的父母向我们描述这一情境时浑身上下透露着嫌弃。我们的结论是男孩不喜欢上学，因为他与同学难以和谐相处，感觉处处受压抑，觉得自己什么事情都干不了，这样的人是不可能喜欢上学的。

然而他的保姆却说他很想上学，因为当他生病的时候也会提出想上学的请求。其实这和我们的结论并不矛盾，真正要弄清楚的是："这位保姆怎么会犯这样的错误？"答案很简单也很有意思。当男孩生病的时候反而提出上学的要求，是因为他很清楚他的保姆会说："你不能上学，因为你生病了。"然而保姆并没有弄清楚这似是而非的矛盾，也不知道该怎样对待男孩的言行。诸多事实表明，这位保姆其实没有真正理解男孩的内心想法。

男孩被送来咨询的直接原因是发生了另一件事。他从保姆那里拿钱去买糖。这再次说明他的行为像个小孩子，因为拿钱买糖是极其幼稚的行为，只有控制不了糖果诱惑和自己行为的小孩子才会这么做。男孩通过这种行为向家人表达："你要好好照顾我，否则我会调皮捣蛋的。"因为他对自己缺乏信心，他会制造各种状况使得人们围着他转。如果我们将他在家里和学校的情况进行对比，就能看出明显差异。他可以在家里让大家都围着他转，但是在学校，人们不可能像家人一样围着他转，所以他的策略在学校没有取得成效。

我们已经清楚男孩行为的原因，问题是如何才能纠正他的行为？

在男孩来咨询之前，人们都认为他是一个发展缓慢、落后于人的孩子，实际上并非如此。只要他重获自信，完全可以像正常的同龄人一样完成各项任务。然而，他总是以悲观消极的眼光看待事物，在事情没开始前就接受了失败。他用各种行为表达自己的自信不足，教师的评语也证实了这一点："不能集中注意力、记忆力不好、散漫、缺乏交际能力等。"他的信心不足显而易见，明眼人几乎都能觉察出来。外界环境也不利于他的自信心发展，要改变他对自己的看法非常困难。

在填写了个体心理学调查问卷之后，我们开始这个案例的正式咨询。除了男孩本人，其他相关人员都会分别被邀请过来参与谈话。首先是他的母亲，她早已对男孩放弃了希望，只是希望他可以继续生活，最终可以找点事情谋生。其次是他的哥哥，他非常看不起自己的弟弟。

"你长大后想做什么？"面对这个问题，这个男孩自然没有什么想法。但这有点不寻常，当即将步入成人阶段的孩子确实不知道自己以后想做什么时，这确实很值得探究。当然，儿童长大以后一般不会真的从事他们小时候选择的职业，但这没有关系，只要他们心里有想法就可以在一定程度上指引自己的行为。儿童早期的职业梦想体现了他们稚嫩的价值观，例如有些儿童会渴望成为司机、守门员、售票员，或者其他自己听过、见过的职业。**如果儿童缺乏一个肉眼可见的目标，我们可以怀疑他缺乏放眼未来的志向，他会沉湎过去，也就是说他想逃避未来以及与未来相关的问题**。

这看似与个体心理学的基本论断相矛盾，因为我们曾说过儿童具有追求卓越的特性，我们一直在证明每个孩子都想展现自己，想变得比别人强大，想有所作为。但我们面前突然出现了这样一个截然相反的孩子，他只想要走回头路，想要变得弱小，而且只想依赖别人，我们该如何解释这个案例的情况呢？心理活动并不简单，它的发展背景错综复杂。如果希望从复杂的案例中得出简单的结论，我们很容易犯错误。因为这些复杂的情况具有一定的欺骗性，我们需要进行辩证的分析，才会发现与表面事实截然相反的真相。例如，男孩的行为在倒退，因为这样，他才感觉自己最强大、最安全。可见，除非我们了解事情的全貌，否则似是而非的情况很容易使人产生错觉。

实际上这类孩子也追求卓越，只是他们所用的方式比较荒谬。当他们还是很弱小、很无助的婴儿时，外界对他们没有任何要求，这段时光是有史以来他们感觉最强大、最有权力的日子。这个男孩对自己完全没有信心，担心自己什么也干不了，这样的孩子无法面对对他有所要求的真实世界，也无法面对对他有所期待的未来。所以，遇到任何需要用优点和能力证明自己的情况，他都会避之不及。久而久之，他可应对的情境所剩无几，只剩下极其受限的几项活动，而这些活动对他几乎没有任何要求。他也追求卓越，追求他人的认可，但是这些追求只剩下很小一部分，跟需要依赖他人的小婴儿所追求的认可差不多。

参与谈话的人员很多：男孩的教师、母亲、哥哥、父亲及我们的同事。一连串的会议工作量很大，如果我们可以得到教师的帮助，那会节省很多工作量。这并非不可能，但也不容易。因为很多教师仍然墨守成规，惯用旧的方法和理念，认为心理测验太荒谬。不少教师害怕心理测试会限制他们的工作方式，甚至对他们的工作横加干涉。事实并非如此，因为心理学不是一门可以立马上手的科学，我们必须进行潜心研究和实践。然而，如果人们对心理学持有偏见，那么它能起的作用非常有限。

要接受新知识，开放宽容很重要。尤其对于教师来说，对新的心理学观点保持开放的态度是很明智的，虽然这种新观点似乎与我们一直秉持的观点相悖，但长期来说会有利于儿童的教育。在这一案例中，我们没有权利直截了当地否定教师对男孩的评价。情况很棘手，我们该如何处理呢？

根据我们的经验，除了让孩子脱离困境，我们别无他法，也就是说只能让男孩转学，这样谁都不会受到伤害。几乎没人知道发生了什么，但是至少男孩卸下了肩上的重担，他可以进入全新的环境重新开始。在新学校，他可以努力不让别人对他形成坏印象，不让自己再被别人轻视。具体操作不太容易，但总体来说家庭环境的支持很重要。此外，每个个案的处理方式都有所不同，但如果有一帮精通个体心理学的教师可以用理解的眼光看待个案，并且在学校里对他们进行帮助，这样的个案处理起来会容易很多。

第14章

父母陪孩子一起成长

非暴力合作：不武断、不批评、不指责

我们多次提到，这本书是专门写给父母和教师的，这两者都可以从儿童心理学的新观点中获益。归根结底，只要儿童得到恰当的教育，那这主要由父母帮助完成还是主要由教师帮助完成，其实并不重要。当然我们指的是学科外的教育，是指导儿童人格的发展，而不是讲授学科知识，**人格发展才是教育最重要的内容**。尽管现在的家长都能够在教育工作中尽一份力，以使家庭教育和学校教育进行互补，但在现代社会经济条件下，大部分的教育责任确实落在了教师的身上。总的来说，家长接受新观念的能力不如教师，因为教师对儿童教育有职业兴趣，会主动学习各种教育理论。个体心理学希望为儿童的将来发展做准备，尽管父母的合作也不容忽视，但是目前这种希望主要依赖于学校和教师的转变。

教师在教育工作过程中，难免会与父母发生冲突。教师的纠正性工作在某种程度上代表了家长教育的失败，因而冲突不可避免。从某种

意义上说，教师的教育工作是对家长的一种指责，而家长也经常有这种感觉。在这种情况下，教师应该如何做好家长的工作？

以下是我们对这个问题的讨论，当然这一段是站在教师的角度写的，他们与父母打交道的难度不亚于处理一个心理问题。如果父母读到这一段，我们无意冒犯，因为这些措施只适用于那些不明智的家长，正是他们制造了这一堆教师不得不处理的问题。

很多教师都感慨，跟问题儿童的父母打交道要比跟问题儿童本人打交道难。这一事实表明，教师掌握一定的工作技巧很有必要。教师采取的所有措施都要基于以下假设：儿童的不良表现不是父母的责任。毕竟父母不是有教育技巧的教育工作者，他们通常只能按照传统方法来教育孩子。每当他们因为孩子的问题被叫到学校去，他们感觉自己就像被指控的罪犯。这种心情代表他们内心有内疚感，这需要教师采取更加委婉的处理策略。在这种情况下，教师最好尝试改变家长内疚的心情，使他们变得友好、轻松，教师要以协助者的身份帮助家长处理问题，相信家长的善意。

即使有充足的理由，我们也不应该指责孩子的父母。如果我们能够成功地与家长建立关系或者达成某种协议，再说服家长改变自己的态度并根据我们的方法处理问题，这样我们会事半功倍。指出他们教育方式的错误是没有用的，我们要引导他们尝试新的处理方式。告诉他们哪里做错了，只会冒犯他们，导致他们不愿意合作。儿童的不良行为肯定事出有因，而且总有个发展的过程。父母来学校时就已经知道自己有些地方做错了，但不要让他们感觉我们也是这么想的。我们不要用直截了当或者特别武断的方式跟他们说话，也不要命令式地给家长提建议。要多用“可能”“也许”“大概”“你可以试一试”等话语。即使我们很明确他们的错误是什么，以及我们很清楚如何进行纠正，我们也不要直截了当地给父母指出来，因为这看起来就像我们在逼迫他们一样。当然不是每位教师都这么有技巧，这些技巧也不是一蹴而就的，需要我们慢慢学习。有趣的是，我们在本杰明·富兰克林的自传中看到了跟我们同样的观点。他写道：

“一位朋友好意提醒我，很多人觉得我很狂妄，我经常在谈话中带着傲慢，在讨论问题时，我并不满足于站在正义的一方，而是希望碾压一切，相当张狂。他给我举了几个例子，我心悦诚服，决心改变自己。如果可以的话，我希望可以把这种恶习或者愚蠢表现从诸多毛病中去除。我把谦虚加到我的愿望清单中，并赋予它宽泛的含义。

“我不敢吹嘘我在谦虚这一美德上取得了多少实际性的进展，但我对它至少有了很多肤浅的认识。我养成了一个习惯，要克制自己，不与别人发生直接冲突，也不提出任何绝对的论断。我甚至从此不在语言中使用任何表示绝对肯定的词语，例如‘必定’‘毫无疑问’等。取而代之的是，我用了‘我猜想’‘我担心’‘我想事情会变成这样’或者‘现在对我来说是这样的’等。如果别人说了一个在我看来是错误的观点，虽然直接驳斥他和立马指出他的痛点非常有快感，但我现在不会这么做了。在对他做出回应时，我首先表示他的观点在某些情况或者某些环境中是正确的，有其可取之处，但在我看来目前的情况似乎有所不同……很快，我发现改变自己行为后有很多好处，我与别人的谈话更愉快了。我用谦虚的态度提出自己的观点时，人们更容易接受我的观点，矛盾也更少。

当我被别人揪出错误时，我也不像以前那样觉得没面子。当我碰巧对了的时候，我很容易说服别人放弃自己错误的观点，进而接受我的观点。

“一开始用这种方法的时候，我需要刻意压制自己的天性，但用着用着，我就觉得越来越容易，慢慢就习以为常了。可能将近50年都没有人从我嘴里听到武断、绝对的措辞。当我提出新的制度，或者提议改变旧的制度时，我的意见在追随我的民众心中有如此重的分量，以及我在公共委员会有较大的影响力，都主要得益于这个习惯（前提是我具有正直的品质）。我不善言辞，没有什么口才，在选择词语的时候，我也会犹豫不决，但通常我的观点是站得住脚的。

“实际上，没有任何一种本能的情感比骄傲更难压制。随你掩饰它、压制它、打败它、扼杀它、约束它，它依然存在，时不时跳起来展现一下自己，我也经常存在这种情况，尽管我认为我已经完全克服了骄傲的表现，但我仍为我的谦虚感到骄傲。”

的确，这些话并不适合生活中的每个情境，我们不能期待或者要求大家在生活中都能做到。然而，富兰克林的观点告诉我们：咄咄逼人的驳斥很不合适，也不会成功。在生活中，没有任何一个法则适用于所有情境。每个法则的适用范围都有限，超出范围就会失效。在某些情境中，我们必须使用铿锵有力的语言。然而，我们要考虑一下教师和家长双方的情况，家长非常焦虑，他们已经因为孩子感到丢脸，现在准备面对校方进一步的羞辱。我们还要考虑到没有家长的合作，我们什么事也做不了。可见，能帮助问题儿童且合乎情理的方法，非富兰克林的方法莫属。

重塑教育建立在理解人格之上

证明谁的观点更正确或者谁的地位更优越毫无意义。重要的是我们要想好如何帮助这个孩子，我们肯定会遇到很多困难。很多家长不想听任何建议，因为教师将他们和孩子置于如此令人不快的境地，他们为此感到惊讶、愤慨、不耐烦甚至产生敌意。这样的父母通常对孩子的错误视而不见，对现实问题视而不见，而且他们回避问题已经有一段时间。现在他们突然被逼正视问题，对他们来说，整个过程都令人不快。可以理解的是，如果教师在面对家长时过于直接或者态度生硬，会很难赢得家长的支持，甚至会把他们推得更远。他们在面对教师时言辞激烈，很难接近。在这种情境下，最好让父母了解教师需要他们的协助，最好让他们安静下来，用友好的态度与教师交谈。我们一定不要忘记，父母经常受困于传统、过时的方法，很难让他们一下子扭转过来。

例如，如果一位父亲一直用尖酸刻薄的话语和表情狠狠挫伤孩子的自信心，你要他10年后突然换上友好的表情和语气，这自然相当困难。而且如果一位父亲突然完全转变了对孩子的态度，一开始孩子很难相信这种转变是真心的。他会认为这是个骗局，他必须慢慢地从父母的转变中获取信心。**要父母发生转变是很困难的事，即使受过教育的人也不例外**。有一位高中校长总是不断批评和挑剔他的儿子，逼得儿子几乎崩溃。这位校长在和我们面谈后已经意识到这一点，但回到家后他又忍不住对儿子进行了严厉的训诫。每次他儿子做了惹他不高兴的事，他都会发脾气，说话很刻薄。在身为教育者的校长身上都会发生这样的事，可想而知那些信奉“不打不成器”、过于教条的父母会怎样。因此，**教师要尽量运用艺术的外交辞令和委婉的措辞来和父母沟通**。

我们要注意，处于底层社会的家长习惯于用打骂来教育孩子。这些孩子在教师那里接受了一番教育之后，家里还有父母的一顿打继续等着他们。一想起我们在教育上所做的努力常常因为不当的家庭教育方式付诸东流，我们就心生悲凉。在这种情况下，儿童经常为同一错误受到两次惩罚，我们认为一次就已经足矣。

这种双重惩罚有时会导致可怕的结果。举个例子，在学校的要求下，有个孩子必须把糟糕的成绩单拿回家。因为害怕挨打，他不敢拿给父母看，但又害怕学校对他的惩罚，于是他逃课了，或者他只能在成绩单上伪造父母的签名。我们不能对这些事情视而不见或者掉以轻心。我们要将儿童的行为与各种环境因素结合起来考虑。在采取措施之前，我们要考虑以下后果：我这么做会发生什么？它会如何影响这个孩子？我确信这么做会对孩子产生积极的影响吗？孩子可以承受这些压力吗？他是否可以从中获得有建设性的内容？

儿童面对困难时的反应和成人很不一样。在试图重塑儿童的生活模式之前，我们要认真考量这种对儿童的重塑教育是否合适，我们必须对结果有足够的把握。**在对儿童的教育和重塑教育中，只有经过深思熟虑和客观判断才开始行动的人，才能更加准确地对效果进行预测**。在教育工作中，实践和信心必不可少，同样必不可少的是我们要坚信一定有帮助孩子免于崩溃的办法。而且我们要遵循这条古老而公认的教育法则：教育宜早不宜晚。有些教师习惯于盯着儿童的某个症状，非常死板地进行处理。例如，当孩子没有完成作业时，教师马上留言告知父母。与之相比，有些教师习惯于将儿童人格视为一个整体，将症状视为整体的一部分，这样才可以更好地理解和帮助儿童。

我们正在进入一个新时代，儿童教育领域中出现了很多新观点、新方法和新认识。在科学的引领下，人们淘汰了很多过时、陈旧的习俗和传统。知识赋予教师更多的责任，但作为一种补偿，知识也帮助他们更好地理解儿童问题，运用这些知识，教师可以更好地帮助他们遇到的问题儿童。关键是我们要记住：**脱离整体人格，单独考虑某一行为表现毫无意义，只有将行为与人格统一性联系在一起，我们才能更好地理解行为的意义**。

附录一

个体心理问卷

本问卷用于了解和治疗问题儿童，由个体心理学家国际委员会制定。

1. 问题是从什么时候开始出现的？当问题第一次被发现时，儿童处于什么状态（心理状态或者其他状态）？

以下情境比较重要：环境的改变、入学、家庭成员的出生、兄弟姐妹的情况、在学校受到的挫折、结交新朋友、儿童患病、父母离婚或者再婚、父母的离世。

2. 在童年早期，儿童的心理或者身体上是否存在某些弱点？如胆小怯懦、粗心大意、沉默寡言、行动笨拙、嫉妒心强或者在吃饭、穿衣、洗漱或睡觉时依赖他人。儿童是否害怕在黑暗中独处？他是否清楚自己的性别角色？他是否出现第一性征、第二性征或者第三性征？他如何看待异性？他对自己的性别角色了解有多深？他是不是继子、私生子、养子或孤儿？他的养父母是如何对待他的？他和养父母还有联系吗？他是否在恰当的时间学会说话和走路？他说话和走路有没有任何困难？他的出牙情况正常吗？他是否在学习阅读、画画、唱歌或游泳时有明显的困难？他是否对父亲、母亲、祖父母或保姆有特别的依恋？

有必要明确儿童对环境是否存在敌意，要寻找儿童自卑感的根源，明确他是否有回避困难的倾向及他是否有自私和敏感的特性。

3. 他会制造很多麻烦吗？他最怕什么人和事？晚上他会大叫吗？他有没有尿床？他会欺负那些比他弱小的儿童吗？他是否也欺负比他强壮的儿童？他是否很想睡在父母的床上？他是否笨手笨脚？他是否患有佝偻病？他的智力如何？他是否经常遭受嘲笑和捉弄？他是否在意华而不实的外表，如关注头发、衣服、鞋子等？他是否特别喜欢咬指甲或抠鼻子？他是否特别贪吃？

儿童是否在一定程度上不折不挠地追求事事优先？他的固执是否阻止他将想法付诸行动？了解这些内容对我们来说很有启发性。

4. 他在交友方面困难吗？他对人或者动物宽容吗？他喜欢收

集或者囤积物品吗？他是否贪财或者嫉妒他人？他是否乐于领导他人？他是否倾向于与别人隔绝？

这些问题与儿童的交往能力以及挫折感程度有关。

5. 儿童目前的情况如何？他在学校的表现如何？他喜欢学校吗？他上学是否准时？他上学之前会情绪紧张吗？他是否匆匆忙忙？他会弄丢书本、书包或者练习册吗？他在运动或测验之前情绪紧张吗？他会忘记或拒绝做作业吗？他是否懒惰？他是否注意力不集中？他会扰乱课堂秩序吗？他对教师的看法如何？他对教师的态度是否挑剔、傲慢、冷漠？他会主动请求还是被动等待别人来帮助他学习功课？他在体育运动方面的进取心强吗？他认为自己能力相对较低还是完全缺乏能力？他的阅读能力强吗？他喜欢看什么类型的读物？

这些问题可以帮助我们了解儿童为学校生活所做的准备有多少，儿童进入学校这一新环境面对考验的结果如何，以及他面对困难的态度如何。

6. 我们要了解儿童家庭环境的准确信息，如家庭成员是否患有疾病，是否有酒精中毒、犯罪倾向、神经症、身体无力、梅毒、癫痫等情况，以及家庭的生活水平如何？家庭里是否有成员死亡？那时儿童多大？他是孤儿吗？谁是家里最有话语权的人？他的家庭教育严格吗？父母对他是唠叨不断、吹毛求疵还是放纵宽容？家庭的影响使儿童害怕生活吗？儿童由谁负责照看监管？

从儿童对家庭的态度，我们可以判断家庭对儿童的影响。

7. 儿童在家庭排行中的位置是什么？他是最大的孩子、最小的孩子、独生子、唯一的男孩还是唯一的女孩？儿童与其他人之间是否存在竞争行为？他是否经常哭泣、恶意嘲笑别人、倾向于贬低别人？

这些问题对于研究儿童性格来说很重要，也可以阐明儿童对他人的态度。

8. 儿童对职业的选择有何想法？他如何看待婚姻？其他家庭成员做什么工作？父母的婚姻生活如何？

从这些问题可以推断儿童对未来是否充满勇气和信心。

9. 他最喜欢的游戏、故事、历史人物或小说人物是什么？他喜欢破坏其他儿童的游戏吗？他的想象力丰富吗？他思考问题时头脑冷静吗？他沉溺于幻想吗？

通过以上问题，我们可以了解儿童是否渴望成为英雄。如果没有这些倾向，我们可以将其视为信心不足的表现。

10. 儿童最早的记忆是什么？他是否出现印象深刻、周期性的梦境，如出现关于飞行、坠落、浑身无力、没有赶上火车、焦虑性的梦境？

通过这些，我们可以发现儿童是否有与人隔离、孤立自闭的倾向，他是事事小心还是进取心强，还能了解他是否对特定的人或生活方式有偏好。

11. 儿童在哪些方面信心不足？他觉得自己被忽视吗？他乐意接受别人的关注和赞美吗？他是否逃避困难？他是否尝试各种不同的事情但又一次次中途放弃？他关心自己的未来吗？他是否相信遗传的不良影响？周围的人是否总挫伤他的自信？他的人生观消极吗？

这些问题的答案可以帮助我们了解儿童是否对自己失去了信心，他现在是否走在错误的道路上。

12. 儿童是否爱耍小把戏？他有没有诸如扮鬼脸、装疯卖傻、闹小孩脾气、出洋相等坏习惯？

在这种情况下，儿童的目的是要吸引关注，显示自己微不足道的勇气。

13. 他有语言障碍吗？他长得难不难看？他的脚部是否畸形？他是八字脚或者罗圈腿？他发育不良？他过于矮胖或者过于高挑？他的身材比例严重失调？他的眼睛或者耳朵有生理异常吗？他的智力发育迟缓吗？他是否左利手？他晚上睡觉打鼾吗？他的样貌是否特别英俊（美丽）？

儿童通常会过于夸大以上缺陷或不足，并因此丧失所有勇气和信心。在那些样貌非常漂亮的儿童身上，我们也经常看到他们的发展容易出现问题，他们执迷于不需要付出努力就能得到一切的想法。这样的儿童错失了很多为自己生活做准备的机会。

14. 他是否经常谈论自己能力不足，认为自己在学业、工作和生活中缺乏天赋？他是否存在自杀的想法？他的失败和问题在时间上是否存在关联？他是否高估表面上取得的成功？他是否过于谦卑、顽固、叛逆？

这些问题显示出儿童极端的挫败。儿童为了摆脱烦恼而努力，但是努力并不奏效，极端的挫败一般出现在这时候。他之所以失败，部分原因是努力没有奏效，部分原因是身边的人对他缺乏理解。但他追求卓越的倾向一定要通过某种方式或者在某些地方得到满足，因而他会另辟蹊径寻求其他更容易的行为方式。

15. 指出儿童取得成功的事件。

这样的成功事件可以给我们一些重要的线索，儿童的兴趣、爱好和准备有可能将儿童带向其他发展方向，我们可以通过强调儿童已有的优势激发儿童尚未发挥出来的潜力。

我们可以从以上问题（我们不需要按照顺序或者既定规则来进行提问，而要通过有建设性的对话进行提问）的答案中形成对个体的正确认识。个体的失败可能并不合情理，但是我们需要察觉和理解个体的这些失败。我们应该用耐心和友好的方式对个体的错误进行说明，而不是用威逼的态度对待个体。

附录二

五个案例分析

案例记录一

男孩，15岁，是家里唯一的孩子，父母通过努力工作获得了体面舒适的生活。他们对男孩悉心照料，给他提供最好的条件以确保他的健康成长。在童年早期，男孩生活得幸福又健康。他的妈妈非常善良又多愁善感。她描述儿子的情况时非常费劲而且经常中断。男孩的爸爸没有参加咨询，但是男孩的妈妈将他爸爸描述为一位诚实、精力充沛的人，深爱家人以及对自己充满了自信。男孩小的时候不听话，他爸爸就会说："三天不打上房揭瓦，如果事事顺他意，那就有麻烦了。"他认为"不顺他的意"就是要给男孩一个教训，他懒得好好跟男孩讲道理，而是无论男孩做错什么事，他都对男孩进行体罚。在男孩的童年早期，他的叛逆主要表现为在家里横行霸道，希望主宰家里的一切，这种欲望往往出现在被宠坏的独生子女身上。他早早就显露出他的叛逆，只要爸爸不打他，他就不愿意服从父母的指令。

如果我们停在这里分析一下男孩接下来会发展出什么性格特征，答案一定是“撒谎”。为了逃避父亲的责打，他会选择撒谎。实际上这是他母亲过来求助的主要问题。如今男孩已经15岁，但是父母从来不知道他说的话哪句是真、哪句是假。我们继续深入调查，了解到以下信息：男孩曾经在一所教会学校待过一阵，在学校里，教师也同样抱怨他不听话以及扰乱课堂秩序。例如，他在教师点名回答前就大声说出问题的答案，或者为了打断别人会故意问问题，或者在课堂上与同学大声聊天。此外，他是个左利手，他的作业非常潦草。他在学校几乎违反了所有的规定，但是因为害怕父亲的惩罚，他只能编造谎言。他的父母原本希望将他留在学校，因为教师表示对他已经无能为力，他们只能将他带离。

男孩看起来是个活泼的小伙子，教师们都认为他很聪明。结束小学的学习后，他需要参加初中的入学考试。他考完试后，告诉等在门外的妈妈他通过了入学考试。所有人都很高兴，那个夏天，他们到了乡下度假。等到这所中学开学的时候，男孩经常谈论关于学校的事情，他每天收拾书包去上学，然后中午都会回家吃中饭。然而有一天，妈妈陪他走了一段上学的路，当他们一起穿过马路的时候，她听到一个男人说：“今天早上是这男孩带我去的车站。”妈妈赶紧问男孩这男人的话到底是什么意思，今天早上他到底有没有去上学。小伙子回答：学校上午十点就放学了，他和这个男人一起去的火车站。他的妈妈对他的解释将信将疑，便将事情告诉了他的父亲。父亲决定第二天陪儿子去上学。在上学的路上，父亲通过不断地询问，才得知男孩没有通过入学考试，他也从来没有去过学校，只是在街上到处闲逛。

男孩的父母为他请了家教，最终男孩通过了入学考试，但是他的行为没有任何改善。他依然扰乱课堂秩序，有一天他开始偷窃。他从母亲那里偷了一些钱，并极力否认，后来父母威胁要报警，他才承认偷了钱。这是一个孩子受到忽视的案例，令人唏嘘。这位父亲如此自傲，曾经他以为可以通过惩罚把儿子驯服，现在又绝望地放弃了儿子。他们现在的惩罚措施是把男孩撇在一边，没有人跟他说话，也没人关注他。他们宣称以后再也不会打他。

在回答“问题是从什么时候开始出现的”时，妈妈说：“从他出生就开始了。”如果我们听到这样的答案，我们可以认为该妈妈想暗示男孩的不良行为是与生俱来的，因为他们想尽办法让他变好，但都没有奏效。

男孩在婴儿时期就非常焦躁不安，他日夜哭闹。但所有的医生都认为他相当正常和健康。

这实际上没那么简单。小婴儿哭闹本身很正常，原因各种各样。但对于只有一个孩子的母亲来说，她没有任何养育孩子的经验，可能弄不明白婴儿为何哭闹。小婴儿经常因为尿湿了而哭闹，但新手妈妈有时并没有意识到这一点。她会怎么做呢？她可能只是把他抱起来，轻轻摇晃，给他喝点东西。但她真正应该做的事是找出孩子哭闹的原因，给孩子及时换尿片，让孩子感觉舒服后就不用再关注他。这时婴儿应该会停止哭闹，也不会在这一成长阶段留下阴影。

男孩在正常的年龄学会说话和走路，牙齿的发育也正常。他有一个习惯，喜欢把别人递给他的玩具弄坏。这样的行为表现并不一定说明儿童有不好的性格特征。但值得注意的是母亲的这句话：“要让他把注意力放在一件事情上是不可能的。”那么，母亲应该如何训练儿童单独玩耍？唯一的办法是允许儿童有做自己事情的时间，并且不要打断他。我们怀疑这位妈妈没有这么做，有几件事可以说明这一点。例如，男孩总是让她做这做那，时时刻刻地黏在她身边，诸如此类。男孩通过这些方式让妈妈宠爱自己，这是刻在他心灵画卷上的最初印记。

男孩从来没有独处过。

他的母亲认为他无法把注意力放在一件事情上，显然母亲出现了自我防御，想为自己开脱。

他从来没有独处过，直到今天，他都不喜欢自己一个人待着，即便只有一个小时，他也不愿意。晚上他也没有自己独处的机会。

这证明了他和母亲的关系非常紧密，他一直以来都很依赖母亲。

他从来不害怕，到现在都不知道害怕为何物。

这种陈述向心理学常识发起了挑战，因为它与我们的发现并不相符，人怎么可能从来不害怕呢？仔细对事实进行研究，我们就能得到答案。男孩从来没有独处过，所以对他来说，没有害怕的必要。对于这种孩子来说，害怕只是迫使别人留下来陪他的一种手段。没有独处的时间，所以没有机会感到害怕，只有在他被单独留下时，害怕才会出现。下面这种情况似乎又是另一个悖论。

他很害怕父亲的鞭子，所以他确实有害怕这种情绪？然而被鞭打一顿后，他很快就抛之脑后，又活蹦乱跳起来，尽管有时他受到的体罚很严重。

这里我们看到了不幸的反差：母亲不断对他妥协，而父亲对他非常严厉，并想纠正母亲毫无原则的做法。父亲的严厉使他越来越想寻求母亲的庇护，换句话说，他向宠爱自己的母亲寻求关注，从她那里，他可以轻而易举、不费吹灰之力地得到任何东西。

在6岁的时候，他进入学校并受到教师的监管，那时人们开始抱怨他的活跃、躁动不安和不专心。对他行为的投诉要远远多于对功课的投诉。最值得注意的是他的躁动不安，当儿童想要引起关注时，躁动不安是个很好的方法，没有比这更好的选择了。男孩渴望得到关注，他已经习惯于吸引母亲的关注，而现在他将圈子扩大了，他想在学校这个大群体里吸引更多人的关注。如果教师不能理解男孩的意图，而是单独把他叫出来进行训斥，想通过责骂纠正他的行为，那就正中男孩的下怀。用这种方式寻求关注，他必须为此付出巨大的代价，但他已经习惯了。他在家里已经挨了足够的鞭打，但依然没有任何改变。假设教师用学校允许的、稍微温和一点的惩罚方式，更不可能改变他的行为。他勉为其难地去学校，就是想成为关注的中心，以此作为自卑的补偿。

父母试图纠正他的行为，他们告诉孩子：每个人在课堂上都要保持安静，这样才不会打扰别人。当听到这种陈词滥调，我们不禁怀疑父母的常识。男孩跟大人一样，非常清楚自己行为的对错，只不过他专注于吸引别人的关注。如果在学校只是安安静静待着，他就无法获得任何关注。努力认真地学习也可以获得关注，但是这条路比较艰辛。如果我们清楚他为自己设定的目标，就不会被他的行为所迷惑。除了说教，显然父亲的体罚也没有起效。当他父亲拿起鞭子的时候，男孩会安静一小会儿，但只要他的父亲走开，男孩马上故态复萌。他将父亲的鞭打和惩罚视为干扰他吸引关注的中场休息，但这些手段并不会对他产生永久的改变。

他总会克制不住乱发脾气。

渴望得到关注的儿童最明显的表现就是发脾气。因为没有比发脾气更容易吸引关注的手段了，个体的目的决定了他的行为方式。例如，如果个体只是想安安静静在沙发上躺着，那么他不需要发脾气。发脾气总是有目的的，个体的目的到底是什么肯定有迹可循。在本案例中，男孩的目的就是希望得到关注。

他习惯从家里带各种东西去学校，然后用这些东西来换钱，再款待同伴。当父母发现他这种行为后，每天在上学前会先对他进行搜身。他只能中止这种行为，转而搞恶作剧和调皮捣蛋。

我们明白他为什么要搞恶作剧。因为他强烈渴望引起别人的关注，搞恶作剧会导致教师必须对他采取惩罚措施，因此他可以证明自己凌驾于学校的规则之上。

他捣乱的行为逐渐减少，但又经常周期性复发，最后这种行为变本加厉，直至被学校开除。

这证实了我们的说法，男孩想努力获得别人的认可。在此过程中自然会遇到困难，他也开始意识到这一点。此外，如果我们考虑到他是左利手的情况，我们对他的内心会有更多的了解。我们可以推断，尽管他想避免困难，但他总是能发现这些困难，而且没有信心进行解决。越缺乏信心，他就越想证明自己值得关注。他不停地捣乱直到学校忍无可忍并将他开除。如果学校秉持公正的立场，不允许有人影响其他学生的学习，那么学校只能开除这个男生，别无选择，这么看来学校的做法无可厚非。但是，如果我们相信教育的目的是为了帮助学生改正错误，那么开除不是好方法。把孩子开除之后，他在家里可以轻易获得母亲的认可，那他更不需要回学校努力学习了。

值得注意的是，在一位教师的建议下，他被送到另一个地方进行托管。在那里他受到的监管比在学校里还要严格，这个尝试自然也是失败的。他的父母仍然是主要的监护人，所以男孩每周日要回家一次，这让他非常高兴。但如果不让他回家，他也不会表现得特别沮丧。这不难理解，因为他想成为厉害的人物，也希望别人觉得他很厉害，所以他肯定不愿意别人看到自己软弱的一面。他对父亲的鞭打显得毫不在意，无论他心里多么不愉快，他也不允许自己为此哭泣，不允许自己以任何方式表现出自己的软弱。

他家里请了辅导教师，所以他的成绩不是很差。

由此可知，他的独立性不强，学习上依赖他人。教师跟他的父母说：如果他能稍微安静一点，他会学得更好。我们相信男孩的学习能力没有问题，因为只有智力低下的孩子才会缺乏学习能力。

他不擅长画画。

这一点很重要，我们也可以根据事实进行推断，因为他是左利手，还不能熟练使用右手，画画写字自然会受到影响。

他的体育在学校里数一数二，他很快就学会了游泳，一点也不害怕危险。

这表示他还没完全丧失信心，但他一直将他的信心用在不重要的事情上，也就是他可以轻松完成而且确信可以成功的事情上。

他一点也不懂得害羞，肆无忌惮地随便说话，不分场合和对象，即便在校长面前也是如此。别人多次告诫他说话不要太直白。

他从来不理会别人的明令禁止，总是我行我素。但是，不懂得害羞不代表他很自信。大部分孩子都能清楚地意识到，作为学生，他们与教师和学校管理者之间存在着一定距离。但既然男孩不怕父亲的鞭打，他自然也不害怕校长，他无礼放肆地跟校长说话，反而可以凸显自己的重要和厉害，实际上通过这种方式他达到了获得关注的目的。

他对性别意识的知识了解不多，但是他经常说自己不想成为女孩子。

我们看不出他对性别角色的认识，但是我们经常发现男孩们喜欢开女孩子的玩笑，对她们进行贬低。他们通过贬低女孩来获得优越感，觉得自己的性别优于女性。

他没有真正的朋友。

我们很容易理解这一点，因为他喜欢控制和领导其他孩子。

他的父母还没和他交流过性知识。他的行为充满着对权力的渴望。

我们需要花费很多精力收集他的信息，但他却对自己的情况非常清楚。也就是说，他很清楚自己想要什么。但很明显，他不知道自己潜意识的目标和行为之间的联系。他不清楚自己对权力强烈渴望的程度和根源。他想要获得掌控的权力，是因为他看到父亲掌控着权力。他越想掌控一切，实际上就越软弱，因为他还不得不仰仗别人、依赖别人。总而言之，他的软弱催生了他的进取心。

他总是惹是生非，即使对方比他强大，他也敢去挑衅。

然而，内心真正强大的人反而有时候愿意示弱，因为他们有较强的责任感。而这男孩只有在放肆无礼的时候才对自己有信心。要让他改掉这种行为并不容易，因为他对自己没有任何自信，觉得自己什么都学不会，所以只能通过放肆无礼的行为隐藏自己的信心不足。

他不自私，对别的孩子非常慷慨大方。

如果我们把他的慷慨大方看成一种美德，我们就很难将这种行为与他的其他性格联系在一起。其实，人们可以通过慷慨大方来显示自己的优越感，这也显示出个体对权力和地位的渴望——人们觉得慷慨大方可以提高个人地位。很可能，他的父亲就是通过慷慨大方的行为来炫耀自己，男孩只是在模仿自己的父亲。

他依然制造很多麻烦。他最害怕的人是父亲，其次是他的母亲。他不赖床。他的虚荣心不是特别强。

最后这一点指的是外在的虚荣心，因为他内在的虚荣心是极其强烈的。

他改掉了抠鼻子的坏习惯。他是个固执的孩子，对事物挑剔，不喜欢蔬菜或者肥肉。他也不是完全不爱交际，只是喜欢与任由他摆布的孩子交往。他非常喜欢动物和鲜花。

喜欢动物的背后隐藏着对卓越的追求和对权力的渴望。这样的爱好当然不讨人厌，因为这是一种人与动物和谐相处、世间万物相融的表现。然而我们发现，对于这种孩子来说，喜欢动物表达了他们对权力的渴望，这样他就能给妈妈多找点事做了。

他表现出强烈的领导欲，当然这种行为不是真正意义上的领导，他只是希望掌控他人。他喜欢收集物品，但是因为缺乏足够的耐心，所有的收集最后都半途而废。

这种孩子最大的悲哀就是做事虎头蛇尾、有始无终，因为有结果就意味着责任，而他们害怕承担责任。

从10岁开始，他的行为在整体上有所改善。以前很难让他在家待着，因为他总想在外面逞英雄。经过艰苦努力，他的行为才有所改善。

如果他待在家里，家里对他的限制很少，他反而可以更好地满足自己做主的愿望。难怪在家里，他更加胡作非为，父母应该让他在适当的监管下多到外面去活动。

他回到家里就会开始做作业，虽然没有想着外出，但总是想方设法浪费时间。

如果孩子总是被困在狭小的活动空间里，而且要受到严密的监管，他肯定会分心以及浪费时间。我们需要适时带孩子外出活动，让他与其他同伴一起玩耍，这样他才能在同伴交往中逐渐习得自己的社会角色。

他以前很喜欢去上学。

这说明他以前的教师不是很严厉，即使他经常逞英雄也不用担心受到教师的责罚。

他弄丢过很多课本。他不害怕考试，总是相信自己无所不能。

这是一种相当普遍的性格特征。如果一个人在任何时候、任何情况下都非常乐观，这恰恰说明他并不自信。这样的人实际上比较悲观，他们试图摆脱客观现实，在虚幻的世界中寻求庇护，在幻想中，他们可以获得一切。他们不会为自己的失败感到惊讶，因为他们有一种宿命感，这使他们表面看起来很乐观。

他难以集中注意力，有些教师喜欢他，也有些教师讨厌他。

有些态度比较温和的教师喜欢他，他们对他的行为举止很满意。他很少惹这些教师生气，因为他们很少给他布置难度大的作业。跟大多数被宠坏的儿童一样，他不愿意专注于某件事，也没有专注的习惯。6岁之前，他都觉得没有需要费心专注的事情，因为妈妈为他打点一切，他就如同一只关在笼子里的宠物。一旦遇到困难，他马上会发现自己对此毫无准备，没有任何解决困难的能力。他对人没有兴趣，缺乏合作能力，他也没有独立完成任务的欲望和自信。他只想受人瞩目，不费吹灰之力就获得关注。但是他的行为在学校没有奏效，他没能打破学校的平静，没有如愿获得关注，也没有变得万众瞩目，这使得他的性格更加糟糕。

他总是希望干什么都可以不费吹灰之力，喜欢走捷径实现自己的目的，而且不会顾及别人的感受。这成了他生活中的主旋律，具体的行为表现有偷窃和撒谎。

在他的行为发展中，问题非常明显。虽然他的母亲在一开始刺激和推动了他社会情感的发展，但接下来，无论是温和的母亲还是严厉的父亲都没有继续引导他社会情感的发展。他的社会情感仅限于母亲的世界，在母亲面前，他感觉自己永远都是母亲关注的焦点。

可想而知，他追求卓越的方向并没有指向积极有用的一面，而是指向了个人的虚荣。如果要回归到积极有用的道路上来，他必须重新发展他的人格模式。我们要帮助他重获自信，这样他才会乐意听我们的意见。同时，我们要扩大他的社会关系范围。因为只有一个孩子，他的母亲没能帮助他建立足够的社会关系网，我们需要弥补母亲教育的不足。此外，他要与父亲达成和解。我们要循序渐进地对他进行教育，直到他能像我们一样理解以往生活模式的错误和问题。如果他的兴趣不再集中在母亲身上，他的独立性和信心都会增强，进而将自己对卓越的追求引导到积极有用的一面来。

案例记录二

这是一个10岁男孩的案例记录。

学校的投诉是他的功课很差，学习进度比别人落后整整3个学期。

10岁的孩子比别人落后3个学期，这让人怀疑他是否智力有问题。

他现在就读3年级下学期，智力测验得分是101。

这说明他的智力毫无问题。他为什么会落后？他为什么总是扰乱课堂？实际上他是一个想要追求卓越的孩子，但是他追求的方向和行为都指向消极无用的一面。他希望自己充满新意、行为积极主动，能够成为关注的焦点，可惜他都用错了方法。他还和学校对着干，把自己当成斗士，把学校当成敌人。我们由此明白为什么他的成绩会落后，对于这样的斗士而言，服从学校的常规安排是非常困难的。

他不愿意服从学校的命令和纪律，总是慢半拍。

显然，他非常聪明。他表面的慢和愚笨只是一种计策。作为一名斗士，他必须抵抗指令，所以他慢吞吞地完成任务。

他和其他男孩打架，并把玩具带到学校来。

他想把学校变成自己可以为所欲为的地方。

他不擅长口算。

这说明他缺乏社会意识及相应的社会逻辑。

他存在语言上的缺陷，需要每周参加一次语言课。

这种语言缺陷并不是天生的，这是缺乏社会合作的症状，主要表现为说话不够顺畅。语言是一种合作，个体必须与他人产生联系，语言才能产生作用。照目前的情况看，男孩将语言缺陷作为自己斗争的工具。难怪他没有努力纠正这一缺陷，因为没了语言缺陷，他就失去了引人关注的工具。

教师跟他说话的时候，他的身体总是晃来晃去。

他似乎随时准备攻击。他不喜欢教师这么跟他说话，因为这样，他就无法成为焦点，如果教师讲话，他只能乖乖听着，那看起来教师才是征服者。

他的母亲（准确来说是他的继母，因为他的亲生母亲在他很小的时候就去世了）唯一的抱怨是认为他有点神经质。

“神经质”这种模糊的描述掩盖了男孩很多的不良行为。

男孩由两位祖母带大。

一位祖母就够糟糕的了，众所周知，祖母通常都把孩子宠上了天。她们这么做有其深层的社会原因，在我们的社会文化中，老年人没有体现价值的地方。他们为此进行反抗，希望得到正确的对待，因而他们的行为情有可原。祖母们想要证明自己存在的价值和重要，因而她们百般宠爱孙子们，使他们对自己产生依赖。通过这种方式，她们维护了自己的权利，使自己的人格得到认可。

如果我们听到有两位祖母同时上场，可想而知，一场可怕的竞争即将上演。两位祖母都想证明自己比另一位祖母更得孩子的欢心。当然，这场竞争最大的得益者是孩子，他犹如生活在天堂，可以随心所欲。他只需要跟其中一位祖母说："另一位祖母给了我这个。"那这位祖母马上会出手更阔绰。在家里，他永远是人们关注的焦点，由此可见，他逐渐将"成为焦点"变成了自己追求的目标。但是现在在学校里没有两位祖母，只有一位教师和很多学生。他要成为焦点的唯一办法就是成为一名斗士。

和两位祖母住在一起的时候，他在学校的成绩并不好。

学校并不适合他。学校这一"检验场"证实他没有为上学做好准备，他缺乏合作能力。他并没有接受过合作方面的训练，而母亲是最能培养合作能力的人。

男孩的父亲一年半前再婚了，男孩开始与父亲和继母一起生活。

这对男孩来说是一个新困境。通常，一位继母或者继父出现时，儿童往往会出现问题，或者加重他原有的问题。继父母的问题由来已久，至今也没有得到改善。孩子成为这个难题最大的困扰者。即使孩子遇到最好的继母，通常也会遇到困难。我们并没有说继父母的问题无法解决，而是只能通过某种方式解决。继母和继父们不要将得到欣赏和感激视为理所当然，而是要尽自己最大所能赢得孩子的欣赏和感激。两位祖母同时存在将这种情况变得更加复杂化，增加了继母和孩子相处的困难。

这位继母刚刚来到这个家庭时，也尽量表现得温柔亲切。她尽其所能来赢得继子的欢心。但是男孩还有一位哥哥，这让问题更加复杂。

哥哥是家庭里的另一名斗士，想想两兄弟之间可怕的竞争，这只会使原本普通的战争升级。

男孩害怕父亲，比较听他的话，但是他不听母亲的话，因而母亲只能向父亲求助。

实际上，这种求助的行为代表这位母亲承认自己管教不了男孩，所以她只能把他交给丈夫。她总是向丈夫汇报孩子们的所作所为，并且用“我会告诉你们父亲”来吓唬孩子们，但这只会让孩子们明白她没有能力管教他们，并且已经放弃管教他们。所以一有机会，他们就对她颐指气使。当这位母亲用“告诉你们父亲”的方式说话和行动时，她暴露了她的自卑情结。

如果男孩答应守规矩，他母亲就会带他出去买东西。

这位母亲的处境非常艰难，因为祖母的存在使她黯然失色，孩子们认为祖母更重要。

祖母只是偶尔来看看他。

她每次虽然只来几个小时，但打乱了孩子们的生活规律，然后把烂摊子留给孩子的母亲收拾。这对祖母来说没什么，但是这位母亲为此十分头疼。

家里似乎没有一个人真的爱这个孩子。

现在大家似乎都不再喜欢他，甚至他的祖母也是如此：用溺爱把他宠坏之后，就开始不喜欢他。

他的父亲会鞭打他。

鞭打无济于事。每个孩子都喜欢得到表扬。但他不知道如何通过正确的行为来获得表扬。他更喜欢向教师索要表扬，而不是通过自身的努力获得表扬。

如果他得到表扬，他会表现得更好。

当然，所有想成为焦点的儿童都是这样的。

教师们不喜欢他，因为他有点阴郁。

表现阴郁、冷酷对他来说是最好的方法，因为他是一名斗士。

这个男孩有尿床的问题。

这也是他渴望成为焦点的一种表现，他用一种间接的方式进行抗争。这种方式的具体表现有哪些呢？通过尿床使得妈妈半夜起床；在夜里大叫；在床上看书，不去睡觉；早上赖床；坚持不好的饮食习惯。总而言之，他总有方法让母亲陪着他，而且是不管白天黑夜地陪着他。尿床和语言缺陷是他用来与环境进行抗争的两件利器。

他的母亲为了改掉他尿床的习惯，曾经在夜里叫醒过他好几次。

其实男孩通过这种方式，成功地让妈妈在夜里陪了他好几次。他达到了自己被关注的目标。

其他孩子不喜欢他，因为他总想使唤他们，对他们发号施令。只有几个比较弱的孩子喜欢模仿他的行为。

他是一个软弱没有自信的人，做事缺乏勇气。学校里比较弱的儿童喜欢模仿他，因为这对于他们来说真的是获得关注的好方法。

另一方面，他的人缘也没那么差。“每当他的作业被选为最佳作业时，其他的孩子会为他的进步感到高兴。”

孩子们在他取得进步的时候感到高兴。这说明教师相当不错，他懂得如何激发孩子之间的合作精神。

男孩喜欢在街上与其他孩子踢足球。

当他确信自己能赢以及能征服别人的时候，他就愿意与人交往。

我们和男孩的母亲进行了讨论，向她解释：由于男孩和祖母们的关系，她的处境非常艰难。男孩对哥哥非常嫉妒，他总是害怕被抛下。在访谈中男孩一言不发，尽管我们告诉他诊所里所有人都是他的朋友。对男孩来说，说话意味着合作。他只想抗争，所以他选择保持沉默而不是说话。这也是缺乏社会意识的表现，他拒绝为自己的语言缺陷做任何努力也说明了这一点。

这种方式让人难以置信，但我们确实也在成年人身上发现了这一点。成人在社交生活中有时候也通过不说话以示抗争。有对夫妇发生了激烈的争吵，丈夫对着妻子大声吼叫："看看，你现在没话说了吧！"妻子回答："我不是没话说，我只是不想说。"

就这个男孩而言，他也是一样。访谈结束时，我们再次告诉他可以离开了，但是看起来他还不想离开，他在与我们敌对。我们再次告诉他访谈结束了，但他就是不走。我们让他下周和父亲再来一次。

我们还告诉他："你不说话很正常，因为你喜欢反着做事情。如果让你说话，你会保持沉默；如果让你在学校里保持沉默，那么你会通过说话扰乱课堂。你觉得通过这种方式可以成为英雄。如果我们告诉你'什么都不要说'，我想你就会开口了。我们只需要引导你，反着问你问题就可以了。"

显然，当我们让男孩什么都不要说时，我们可以使男孩开口说话，为了和我们对着干，他会选择回答问题。实际上回答问题可以让他通过语言与我们进行合作。过些时候，我们就可以向他进一步解释他的状况，帮助他认识到自己的错误，从而逐渐改善自己的行为。

我们要记住，只要儿童一直处于他习惯的老环境，他就没有动力改变自己。母亲、父亲、祖母、教师、同伴都已经习惯他旧有的生活模式。在面对他们时，他的态度完全固化。但当他来到诊所时，他面对着全新的环境。我们甚至设法为来访者提供一个与现实生活完全不同的环境，可以更明显地暴露他在旧环境中形成的性格特征。在这种情况下，我们最好告诉他："你绝对不可以说话！"他的反应会是："我要说话！"就这样，我们并没有直接与他进行对话，他可以就此放下防御，不再那么警惕和压抑着自己。

在诊所里，儿童一般要面对一堆听众，这给他们留下很深刻的印象。这是一个全新的环境，它给儿童的印象是，他们不再仅仅与自己原来的小圈子发生联系，其他人也对自己感兴趣，他们所在的圈子变大了。他们比以往更想成为大圈子中的一员，尤其当我们邀请他们下次再来的时候。他们知道来诊所会发生什么，我们会问他们问题，问他们最近过得如何。他们有些一周来一次，有些每天都来，咨询的频率取决于个案的性质。我们会训练他们如何与教师相处。在诊所，他们知道自己不会被指责、羞辱或者批评，但是我们会对他们的问题进行讨论和评判。我们如同透过一扇打开的窗口，对所有事情进行观察和分析，这会使来访者印象深刻。如果一对夫妇发生了争吵，一旦有人把窗户打开，吵架会停止，因为情境完全改变了。当窗户打开时，外面的人会听到他们吵架，一般人不愿意将自己不好的性格特征暴露出来。而面对问题是儿童往前迈出的第一步，当儿童来到诊所，他们就迈出了这一步。

案例记录三

这一个案是家里最大的孩子，13岁半。

在11岁时，他的智力测验分数是140分。

可以说，这是个相当聪明的孩子。

进入高中第二学期以来，他在学业上没有取得任何进步。

根据我们的经验，如果儿童认为自己很聪明，不用努力就可以获得成功，那他们往往会停滞不前。例如，我们发现，儿童到了青少年期会觉得自己比实际年龄成熟，他们想证明自己不再是小孩子。他们越想证明自己，他们在现实生活中遇到的困难就越多。这样一来，他们开始怀疑自己是否真的像自己想象的那么聪明。我们不应该称赞儿童聪明，或者告诉孩子他的智商很高，这是相当不明智的做法。无论儿童还是父母，都不应该知道智力测验的分数。这往往导致聪明的孩子走向失败，而且充满了危险。一个非常有进取心的孩子如果不确定自己通过正确的方式是否可以取得成功，他就会寻找一种肯定可以取得成功但错误的方式。例如，他们会变得神经质、闹自杀、做违法的事、变得懒惰或者浪费时间。儿童有无数消极无用的方法轻易取得“成功”。

男孩最喜欢的科目是科学。他喜欢和比他年纪小的孩子在一起。

对于这样的孩子来说，和比自己小的孩子待在一起可以让事情变得更容易些，也可以获得优越感以及成为领导者。如果儿童喜欢和小一点的孩子交往，我们怀疑他想获得父亲的感觉。虽然不是每个孩子都这样，但这体现了儿童内心的软弱。父性本能也表现为不与比自己大的孩子玩耍，软弱的孩子会有意识地排斥大孩子。

男孩喜欢踢足球和打棒球。

我们由此猜测他很擅长这两项体育活动。我们很可能会听到他很擅长某些项目，而对另一些项目毫无兴趣。这说明在确定能成功的领域，他会踊跃参与；而那些他不确定能成功的领域，他会拒绝参与。这当然不是正确的行为方式。

男孩喜欢玩牌。

这意味着浪费时间。

玩牌似乎将他的注意力从常规活动中夺走。他不按时睡觉和做作业。

现在我们来到了大人们真正关心的问题，他们对他的抱怨主要集中在这一点。他在学业上无法取得进步。

他在婴儿期成长缓慢，2岁之后开始快速发展。

在这两年里，我们不清楚为什么他会成长缓慢。他可能受到了大家的溺爱。我们经常看到被宠坏的儿童不愿意说话也不愿意动弹，因为他们被照顾得很好，没有获得自我发展的刺激和动力。但当他发展迅速时，唯一的解释就是他获得了发展的刺激和动力。很可能有一个强大的刺激物使得他成为一个聪明、理解力强的孩子。

他突出的特征是诚实和固执。

仅仅知道他很诚实是不够的。诚实确实是很好的优点，但我们不清楚他是不是会利用这一优点来对别人进行批判。这很可能是他自夸的一种手段。我们知道他喜欢领导别人，喜欢对别人发号施令，这种诚实可能是他追求卓越的一种表现。我们不确定当他处于不利的情形时是否还会继续保持诚实。至于他的固执，我们发现他确实喜欢按照自己的方式行事，喜欢与众不同，不愿意被别人牵着鼻子走。

他经常欺负他的弟弟。

这句话证实了我们的判断。他想成为领导者，但他的弟弟不听他的话，所以他经常欺负弟弟。如果你真正了解他，你会发现其实他并没有那么诚实，某种意义上来说，他是个骗子。他只是喜欢自夸，喜欢凸显自己的优越感。这实际上是一种卓越情结，但这卓越情结清楚地反映出他内心深处的自卑感。因为别人对他诚实的品质赞誉过高，他难以承受，反而对自己产生过低的评价，为了对此进行补偿，他只能通过自夸来增强自己的信心。大人不应该对儿童表扬过多，因为儿童会认为人们对他期待很高。当他发现难以实现人们的期待时，他内心开始颤抖和害怕。

为了掩饰自己内心的软弱，他会按照自己的行为方式行事。因此，他会欺负弟弟，以及做些不讨人喜欢的事，这就是他自己的行为方式。他不够强大和自信，还不能独立和正确地处理生活中的问题，为此他开始热衷于打牌。尽管他在学校的表现并不好，但他打牌时，没人会发现他的自卑。父母会因此认为他学业不佳是因为他总是玩牌，而不是因为他能力不足，这样一来他保全了自己的自尊和虚荣心。他接受了这种说法，并开始自我安慰："是的，因为玩牌我才没有成为一名好学生，如果我不玩牌的话，肯定是学校里最好的学生，可惜我花了好多时间在玩牌上。"他很满意，为自己有可能成为最好的学生而感到心情舒畅。只要男孩不明白自己的内在心理逻辑，他就只会为自己悲叹，将自己的自卑感隐藏起来，不让自己也不让别人看到。如果他一直如此，他的行为就得不到改善。

因而，我们要用非常友好的方式向他解释他的性格是如何形成的，让他了解自己实际上是一个缺乏足够勇气和力量的人。只有将内心的软弱和自卑隐藏起来，他才感觉自己有足够的勇气和力量。正如我们所说，我们要以一种友好的方式和他进行沟通，要不断地鼓励他。我们不要对他一味表扬，以及赞赏他的高智商，这种不断的提醒会使他担心自己不能获得成功，难以达到人们的期待。我们很清楚，智商并不是获得成功的充分条件，优秀的实验心理学家已经告诉我们智商只能代表当前的测试状态。生活十分复杂，我们不可能单靠智力测试了解儿童的真实生活。高智商并不说明儿童能真正解决生活中的问题。这个男孩真正的问题是缺乏社会意识以及存在自卑感。我们要帮助他了解这一点。

案例记录四

案例中的男孩8岁半，我们用这一案例说明儿童是如何被宠坏的。罪犯以及某些神经症患者主要来自于被宠坏的孩子。现代社会最需要做的就是停止溺爱孩子。这不代表我们不再疼爱孩子，而是告诉我们必须停止纵容孩子，我们要像朋友一样平等地对待他们。

这孩子目前存在的问题是：他每个年级都要复读，现在是2年级第一学期。

如果儿童在入学的第一年就需要复读，我们有理由怀疑他可能存在智力问题。平时在对儿童的情况进行研究分析时，我们要将智力因素考虑在内。另一方面，如果儿童一开始表现不错，后来才开始走下坡路，我们就可以排除智力低下的可能。

他像婴儿一样奶声奶气地说话。

他模仿婴儿说话是为了得到大人的宠爱。既然他认为模仿婴儿的行为举止可以获得好处，说明他内心有着想追求的目标。他的计划十分理性，有着主观意识的主导，由此我们可以排除智力问题的影响。他缺乏入学的良好准备，表现为不喜欢完成学校布置的作业。他与周围的环境进行对抗和斗争，不愿意根据学校的常规路线发展，借此显示自己的优越。可想而知，他必须为自己的敌对态度付出代价，那就是学习跟不上。

他不听哥哥的话，经常与哥哥发生激烈的冲突甚至打架。

可以看出，哥哥是他的绊脚石。根据这一点，我们可以推断哥哥应该是个好学生。为了和哥哥竞争，争夺大人的关注，男孩只能走另一个极端，那就是让自己表现不好。另外，在他的幻想中，他误以为只要退行变回婴儿就可以比哥哥有优势。

他在1岁10个月的时候才学会走路。

他可能曾患有佝偻病。他直到1岁10个月时才学会走路，在这段时间里，他得到了大人无微不至的照顾，母亲寸步不离地陪着他。由此可见，因为男孩的先天缺陷，他的妈妈母性大发，对他进行严密看护、宠爱有加。

他说话比较早。

这一点让我们更加确认他没有智力问题。智力低下的孩子大多学习说话比较困难。

他总是像婴儿一样说话。他的父亲是个充满爱意的人。

他的父亲也同样溺爱他。

他比较喜欢妈妈。妈妈认为老大很聪明。他们两兄弟经常打架。

这是两个孩子在进行竞争，大多数家庭都会出现这样的竞争，家庭排行较前的两个孩子尤其容易发生这种情况。实际上，一起长大的两个孩子一般都会出现竞争。因为另一个孩子降生时，原本受宠爱的前一个孩子的地位会遭到冲击。只有让儿童做好合作的准备，才能避免这种状况。

他的算术很差。

受到溺爱的孩子在学校科目上遇大的最大的困难通常是算术，因为算术涉及社会逻辑，而受到溺爱的孩子缺乏社会逻辑。

他的理解力一定出了什么问题。

但我们没有这方面的发现，他的行为表现反而相当聪明。

他的妈妈和教师都认为他有手淫的现象。

他有可能手淫，大多数儿童都有手淫的习惯。

他妈妈说他眼底有黑眼圈。

我们不能根据黑眼圈就推断他有手淫的习惯，尽管人们通常会这么怀疑。

他在饮食上非常挑剔。

这表明他总是希望母亲陪在自己身边，他通过不好的饮食习惯来达到这一目的。

他怕黑。

怕黑也是受宠儿童的一个标志。

男孩的母亲说他有很多朋友。

我们相信这些朋友都听他的指使，接受他的发号施令。

他对音乐非常感兴趣。

如果我们对音乐人的外耳进行研究，会有一些启发性的发现。音乐人的耳朵曲线一般发育得比较好，这个男孩的外耳曲线就是如此。我们相信他的耳朵很灵敏，这种灵敏表现为喜欢和谐的声音，听力灵敏的人比较适合接受音乐训练。

他喜欢唱歌，但他有耳部疾病。

这种人不能轻易忍受生活中的噪音，他们耳部受感染的概率比一般人高一些。听力器官的形成是天生的，因此音乐和耳部疾病一样可以代代相传。男孩遭受着耳部疾病之苦，此外，他的家族里确实有几位非常厉害的音乐人。

对于这个男孩来说，正确的治疗方法是努力培养他的独立自主能力。目前他这种能力还有所欠缺，他希望妈妈时时刻刻都陪着自己，永远不要离开自己。他希望得到妈妈的支持，而妈妈一般都非常乐意给予孩子这样的帮助。我们应该让他自由地做他想做的事，包括犯错误，只有这样，他才能学会自立。他还要学会不和哥哥争宠，不去争夺妈妈的爱。但之前两兄弟都觉得母亲偏爱对方，从而引发了两人之间不必要的嫉妒。

至关重要的是，我们要帮助男孩建立足够的勇气面对学校的困难。试想一下，如果男孩不再继续上学会发生什么？他会偏离正轨，离家出走，甚至参加犯罪团伙。预防胜于治疗，与其以后对付一个少年犯，不如现在就帮助他适应学校生活。学校是一个重要的检验场，可以检验儿童的行为是否存在问题。目前，他还没准备好从社会交往的角度去解决问题，这是他在学校遇到困难的原因。能不能让他重获信心和勇气取决于学校。当然，男孩出现问题也有学校的因素，有可能班级里学生人数太多，也有可能他遇到的教师还没为学生的心理教育工作做好充足的准备，这就是现实的可悲。如果他能够找到一位鼓励他和帮助他振作的教师，他的未来就会被挽救。

案例记录五

这个案例记录了一个10岁女孩的病史。

因为算术和拼写存在障碍，学校将她转介到诊所。

对于被宠坏的儿童来说，算术通常是一门难学的科目。并不是说被宠坏的儿童算术一定不好，但根据我们的经验，这种情况经常发生。我们知道左利手的儿童经常在拼写上存在困难，因为他们习惯于从右往左看，他们阅读的时候也是从右读到左。他们读和拼都没问题，只是方向与常人相反。人们不清楚这一点，以为他们无法阅读，所以人们对这类孩子进行描述时只会简单地总结为："他们无法正确阅读和拼写。"根据这一点，我们怀疑女孩可能是左利手。她在拼写上存在困难可能还有另外一个原因，那就是语言不通。如果是在纽约，我们要考虑她是否是来自另外一个国家的移民。

女孩生活中的重要事件：在德国，她的家庭发生了经济变故。

我们不知道他们什么时候从德国来到美国。女孩可能曾经经历过美好的时光，但是这段时光戛然而止。这种改变对个体来说是一个新情境，它可以对个体的行为进行检验。例如，这种新情况可以检验女孩是否受过良好的合作训练，她是否具有社会适应能力以及她是否具有勇气。它还可以检验她是否能够承受贫穷带来的负担，也就是说她是否能与他人进行良好合作。从目前的情况来看，她似乎不能很好地与人合作。

她在德国时是个好学生，8岁离开德国。

这是两年前的事。

她在新学校的表现不太好，因为这里的拼写很难，算术的教法也和德国的不一样。

但教师并没有体谅这一点。

她很受妈妈宠爱，和妈妈建立了紧密的依恋关系。她喜欢爸爸，也喜欢妈妈。

如果你问孩子："你最喜欢谁？爸爸还是妈妈？"他们一般会回答："两个我都一样喜欢。"大人教导他们要这样回答问题。但答案不一定真实，要检验答案的真伪有很多方法，其中一个好办法就是让孩子坐在父母的中间，当我们和父母说话时，孩子会靠近她比较依恋的人。此外，当儿童走进父母所在的房间，我们会看到同样的事情发生，她会走向她最依恋的那个人。

她有几个同龄的女生朋友，但这样的朋友不多。她最早的童年记忆是：她8岁的时候和父母一起住在乡下，他们经常和一条狗在草地上玩耍，他们还有一驾马车。

她记得他们家的物业、草地、狗和马车。这和其他曾经富裕过的人一样，总是回忆以前拥有轿车、马匹、豪宅和佣人的日子。我们能理解她现在过得不是很满意。

她经常梦见圣诞节，梦见圣诞老人给她带来礼物。

她的梦也反映了她在现实生活中有同样的渴望。她总是想要得到更多，因为她产生了匮乏感，想要重新获得过去拥有的一切。

她对妈妈比较依赖。

这显示出她有挫败感以及她在学校里遇到了困难。我们告诉她，她的处境要比一般孩子更艰难，她可以通过更加努力地学习和增加自信来提高自己的学业。

在没有妈妈的陪伴下，她再次来到了诊所。她在学校的情况好了一点，在家里也一直独立做事情。

我们之前建议她独立一点，不要依赖妈妈，要自己单独做事情。

她为父亲准备早餐。

这是她开始发展合作意识的标志。

她觉得自己变得更加自信，在访谈中似乎也更加自如。

她带着她的妈妈再次来到诊所。

她和妈妈一起来到诊所，但她妈妈是第一次来。她妈妈工作非常辛苦，以前总走不开。她说女孩是收养的，那时女孩2岁，女孩并不知道自己是收养的。在2岁前，她换了6个不同的地方。

这样的过去并不美好，看起来女孩在那两年遭了很多罪。因此我们不得不面对这样一个孩子：她可能曾经遭受厌恶和忽视，然后又受到养母的悉心照料。早年糟糕的经历在她脑海里留下了潜意识的影响，因此她想要维持目前这种良好的状况。两年的时间可以对一个孩子产生很大的影响。

当女孩的母亲把她带回来的时候，有人告诉她必须对女孩严格一点，因为女孩原来的家庭不太好。

提出这个建议的人深受遗传观点的毒害。如果这位妈妈严格对待女孩，这个女孩有可能会成为一个问题儿童，提建议的人就会说："你看，我是对的！"他不知道他才是罪孽深重的那个人。

因为女孩的亲生母亲不是个好人，而且这母女俩并没有血缘关系，养母觉得自己对女孩负有的责任重大，所以她有时会对这个孩子进行体罚。

女孩现在的状况大不如前，母亲不像以前那么宠爱自己，相反母亲会对女孩进行惩罚。

女孩的父亲非常宠爱女孩，给她想要的一切。如果女孩想要得到某些东西，她不会说“请”或者“谢谢”，她会这么说：“你不是我的妈妈！”

女孩要么知道真相，要么正好说到了点子上。我们曾经遇到一位20岁的养子总是觉得自己不是父母亲生的，但是他的父母发誓男孩不可能知道这一点，很明显男孩自己产生了这样的感觉。儿童可以从很小的事情中得出结论，虽然“她不知道自己是收养的”，但有时她能感觉到自己是被收养的。

她对着父亲说这句话，而不是对着母亲说。

父亲不给她任何攻击自己的机会，因为他满足她所有的愿望。

母亲不能理解她到新学校所发生的变化。她收到了女孩糟糕的成绩单，她不得不对女孩进行体罚。

这可怜的孩子的成绩单很糟糕，她觉得很丢脸，也感觉到很自卑，然而还要遭受母亲的体罚，这有点过分了。挨打或者接到糟糕的成绩单，即使只承受其中一件已经够过分的了。这是教师们需要考虑的问题，每当他们给孩子一张糟糕的成绩单时，这往往是很多家庭问题的开始。如果教师知道糟糕的成绩单会导致母亲体罚孩子，明智的做法是避免给出这样的成绩单。

女孩有时会难以自控，突然大发雷霆。她在学校紧张亢奋，有时会扰乱课堂。她认为自己一定要得第一。

作为家里唯一的孩子，父亲满足她所有的愿望，我们能理解这种孩子内心的渴望，以及她想得第一的心情。我们知道以前她在乡下有牧场以及很多其他东西，她现在感觉这一切都被剥夺了。她追求卓越的渴望更加强烈，但是她没有实现的渠道，只能通过发脾气、制造麻烦来表达自己的渴望。

我们向她解释，她必须学会合作。她变得亢奋是为了成为人们关注的焦点，她大发雷霆只是一个借口，真正的目的是为了让大家都盯着她看。她在学校不好好表现，因为母亲为她糟糕的成绩单生气，她在与母亲对抗。

她会梦见圣诞老人给她送很多礼物，但是醒来后却发现什么都没有。

她总是涌起想要拥有一切的感觉和情绪，而“醒来后却发现什么都没有”。我们不能忽视这其中潜伏的危险。如果我们在梦中涌起一些感觉和情绪，但是醒来发现什么都没有，那么我们自然会感到失望。但女孩梦里引发的感觉与醒后的感觉是一样的，都是感觉很失望。也就是说，她做梦的情绪目标不是为了唤起拥有一切的奇妙感觉，而是为了获得失望感。正是为了这个目标，她做了这样的梦，直到她的目标得到满足：她产生了失望感。抑郁症患者会做一些奇妙的梦，但醒来却发现现实完全相反。我们可以理解为什么女孩希望获得失望感，她想要对母亲进行控诉，因为对她来说，目前的生活黯淡无光。她感觉自己什么都没有，因为母亲什么都不给她。“她打我，只有爸爸什么都给我。”

对以上情况进行总结，我们可以看到女孩总想获得失望感，这样她就可以对母亲进行控诉。她在跟母亲进行对抗，如果我们想要女孩停止对抗，我们要使她相信，她在家里的行为、她的梦和她在学校的行为同样都是错误的模式。她来美国的时间不长，英语也没有得到很好的训练，这是她错误行为模式的主要原因。因此我们要帮助她相信这些困难很容易克服，但是她将错误的行为作为与母亲进行对抗的武器，因此我们也要影响妈妈，让她停止体罚这个女孩，这样女孩就没有理由跟她对抗了。我们要让女孩意识到：“我不专心、难以自控、容易发脾气，是因为我想给妈妈制造点麻烦。”如果她能意识到这一点，她就会停止她的行为。如果她不了解自己在家里、在学校和在梦里的经历和行为表现的含义，她的性格是不可能发生改变的。

由此我们知道了什么是心理学。心理学可以用来理解个体如何利用自己的感受和经历。换言之，心理学意味着要理解儿童的感知模式，儿童通过自己的感知模式来采取行动和对刺激做出反应。心理学意味着要理解儿童如何看待某种刺激，他如何做出反应，以及他如何用自己的行为和反应为自己的目标服务。